천상의 소리를 짓다

천상의 소리를 짓다

오르겔바우마스터 홍성훈

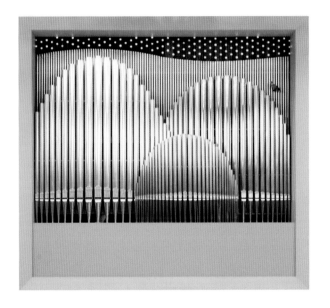

글·사진 김승범

사춘기 조금 지난 아들이 하나 있습니다. 최근 들어 아들에게 잔소리하고 화내며 한숨 쉬는 일이 일상이 된 듯합니다. 중년이 된 저로서는 배운 게 경험이라고 아들이 하는 생각, 선택, 행동, 습관이 나중에 어떤 결과로 이어질지 예상되기에 잔소리하는 명분을 내세웁니다. 그러나 앞으로 아들의 인생을 지금 모습만으로 어떻게 될 것 같다고 보는 무의식적인 믿음이 나날이 견고해지는 건 아닌지…. 어찌 됐든 잘되리라는 믿음이 부족한 건 사실인 것 같습니다.

아들에게 더 미안해지는 건 정작 다른 누군가는 늘 긍정적인 믿음으로 응원하고 있기 때문입니다. 바로 홍성훈 선생입니다. 처음 만난 이후로 13년의 우정을 쌓는 동안 그에 대한 믿음이 깊어집니다. 타고난 재능이나 천재적인 감각이 있어서 바라는 결과가 아닙니다. '오르겔바우마이스터'라기보다 오히려 예능 프로그램을 더 잘할 것 같은, 어린아이처럼 밝은 에너지를 가진 그가 인고의 시간을 견디며 묵묵히 오르겔 작품을 하나씩 남기고 있다는 사실에 놀라곤 합니다.

그래서 홍성훈 선생을 좋아하고 응원합니다. 자신의 인생을 역동적으로 이끄는 분이 하나님이라고 고백하는 말에 그를 더욱 신뢰하게 됩니다. 그는 오르겔을 한 대씩 건축할 때마다 스스로 감격하며 "내가 이걸 어떻게 만들었을까?" 하는 얘기를 자주 합니다. 매너리즘에 빠진 예술가한테서 느껴지는 교만함과 아집이 안 보여서 좋습니다.

오랫동안 홍성훈 선생의 삶과 작품 세계를 관찰해온 과정을 책으로 엮어보려 했으니 아쉬운 점이 많았습니다. 글과 사진의 완성도는 물론이거니와 이 책의 정체성을 명확히 하는 데 어려움이 있었습니다. 사진가로서 욕심을 내어 홍 선생을 위한 멋진 화보집으로 꾸밀까 싶은 마음도 있었지만, 의도적 연출은 덜어내고 대부분 일상에서 촬영한 사진들을 반영했습니다. 글을 쓰는 재주가 없어 홍 선생에게 들은 이야기를 기록으로 남기는 것이 제 역할이라고 생각했습니다. 하지만 13년의 세월에 담긴 기나긴 이야기와 무수히 많은 사진을 정리하는 작업은 녹록지 않았습니다. 생각비행 손성실 편집인의 정성과 노력 덕분에 한 권의 책으로 옷을 입게 되어 감사한 마음 이루 말할 수 없습니다. 그리고 이 책이 나오기까지 친구이자 편집인인 조성우의 한결같은 우애와 격려에 우정 어린 감사를 전합니다.

이 책은 한 명의 사진인으로서, 한 아이의 아버지로서 인생에 하나의 방점을 찍는 뜻깊은 결과물입니다. 한편 2016년은 1987년 3월 독일에서 목공 프락티쿰(실무경력)으로 시작한 홍성훈 선생이 오르겔 제작자로서 길을 걸은 지 29년 되는 해입니다. 어렵고 거친 길을 헤치며 여기까지 달려온 그의 삶을 응원합니다. 이 책을 홍성훈 오르겔바우마이스터께 우정의 증표로 선물합니다.

오르겔 로드

오르겔바우마이스터 홍성훈이 제작한 오르겔

비전

일러두기

오르겔Orgel은 다양한 크기와 형태의 관을 음계에 따라 배열하고 바람을 불어넣어 소리를 내는 건반 악기를 의미한다. 국내에선 '오르간' '파이프 오르간' '풍금' 등의 명칭으로 통용된다. 이 책은 독일에서 오르겔 제작Orgelbau을 배워 마이스터가 된 홍성훈의 활동, 제작소, 작품명 등과의 연관성을 고려해 '오르겔'이란 명칭으로 통일하여 사용했다.

오르겔바우마이스터
홍성훈

첫 만남

2003년 4월 덕수궁의 벚꽃이 담장을 넘어 흩날릴 때, 성공회대성당에서 잡지 취재로 홍성훈과의 첫 만남이 시작되었다. 회갈색 코트에 긴 목도리를 하고 나온 사내는 30여 미터를 앞두고 프랑스 배우 같은 느낌을 물씬 풍기고 있었다. 다가가자 마치 발성 연습을 하는 것만큼이나 큰 목소리로 인사하며 맞아주었다. 지금도 그는 누구를 만날 때면 늘 그렇다.

44세의 활기 넘치는 오르겔바우마이스터 홍성훈. 세치가 있는 베토벤 머리에 스타일리시한 외모로 볼 때, 그는 영락없는 예술가였다. 그런데 이야기를 나눠보니 그 안에 어린아이처럼 맑고 순수한 모습이 감춰져 있었다. 촬영하는 내내 진지한 모습과 유쾌한 모습의 상반된 이미지가 교차되면서 점점 호기심이 생겼다. 그의 열정이 궁금했다. 그렇게 알고 지낸 지 어느덧 13년이 흘렀다. 우정의 시간을 보내는 내내 그는 변함없이 그대로다. 맑은 순수함이 말이다.

본능적 관심

국내에서 오르겔바우마이스터는 생소하고 드문 직업이다. 본능적 관심이 발동하여 그는 줄곧 내 피사체가 되었다. 마이스터로서 꽤나 젊은 나이에 '한국적 오르겔'을 만들고 싶다고 하는 그에게 왠지 모를 기대감이 생겼다. 그의 삶과 작품을 촬영하고 기록으로 남기고 싶어진 것이다.

1996년 독일에서 마이스터 과정에 있을 당시 〈SBS 모닝와이드〉 취재로 시작하여 한국 사회에 '홍성훈'이라는 이름이 매스컴을 통해 알려지기 시작했다. 그는 다양한 사람과 커뮤니티를 만나게 되면서 무척 고양된 상태였다. 그러나 현실은 사교 모임들과 같지 않았다. 오르겔 제작의 부진과 경제적 어려움은 그를 고독한 곳으로 몰아넣었다.

첫 만남 이후 그와의 인연도 12년 동안 줄곧 이어진 건 아니었다. 내 개인적으로 어려웠던 시기, 절망의 시기에는 연락할 엄두를 내지 못했다. 그 또한 비슷한 시기에 한국에서 가장 혹독한 시기를 보내고 있었다. 하지만 어느 날 우리 둘은 아무렇지도 않게 다시 만나 서로 위로하며 더 성숙한 관계에서 친구가 될 수 있었다.

청년 홍성훈

그는 그야말로 럭비공이었다. 공부에는 관심 없고 특별한 꿈도 없던 청년 홍성훈. 그러나 인생을 걸 만한 일을 만나고 싶어 하는 욕구는 무엇보다 컸다고 한다. 20대는 꿈을 정한 시기가 아니어서 흥미가 동하면 일단 저지르고 보는 경우가 많았다.

일례로 그는 《중앙일보》에서 낸 요트강습 광고를 우연히 보고 신문사에 전화를 걸어 정보를 알아낸 뒤 무작정 변산반도로 내려간 일이 있는데, 알고 보니 청소년을 대상으로 하는 강습이었다고 한다. 그럼에도 최고령 강습생으로 기회를 얻었고 나중에는 코치까지 할 정도의 실력을 쌓았다.

그는 내성적인 성격이 싫어서 일부러 외향적인 성격이 되고자 노력했고 사람들에게 즐거움을 주는 것을 소명처럼 생각했다고 한다. 그런 노력 덕분에 대학 시절 한때 축제 사회자로 여기저기 불려다닐 만큼 무대체질로 변모했다.

한번은 본인이 다니던 대학 캠퍼스에서 반바지에 멜빵을 메고 코손

수건을 오른쪽 가슴에 단 국민학생 복장으로 우산을 든 채 동기들 앞을 찰리 채플린처럼 거닐었다고 한다. 나이에 걸맞지 않게 우스꽝스런 모습을 한 그의 모습 때문에 주변 학생들이 터지는 웃음을 참는 걸 재미있게 봤다는 이야기를 들은 적도 있다.

홍성훈은 뭔가에 꽂히면 바로 실행하는 걸난력이 있는 사람이다. 앞뒤를 재고 계산하기보다는 부딪히며 결과를 기대하고 낙관하는 스타일이다. 그래서인지 고단했던 삶의 여정과 힘들었던 경험을 나눌 땐 그걸 어떻게 견뎌냈나 싶다가도 이내 천진난만한 웃음으로 모든 염려를 잊게 만든다. 그는 사람을 참 좋아한다. 사교적이지만 누군가를 목적을 두고 만나지 않는 편이다. 마치 어린아이와 같다. 같이 있으면 그의 행복 바이러스에 감염되고 만다.

이처럼 타고난 끼와 정감 어린 면모는 그를 다양한 문화예술 활동으로 이끌었다. 대학 졸업 후 도산 안창호 선생이 세운 흥사단에 들어가 민족의식을 고취함은 물론 레크리에이션, 봉산탈춤(명인 전수), 대금, 무용, 클래식 기타 등 다채로운 활동을 영위했다. 그러다 우연한 기회에 서울시립가무단 단원이 되어 뮤지컬을 시작하게 되었다. 당시 시립가무단은 그 수준과 대우가 남달랐다고 한다. 그 당시 대기업의 연봉 수준이었다고 한다. 하지만 단순 배역의 한계를 느낀 그는 일생을 걸 만한 다른 일을 기대했다. 결국 일 년 만에 클래식기타 하나 달랑 메고 그는 독일 유학길에 오른다.

"서울시립가무단에서 받은 월급이 내 평생 벌어본 것 중에 제일 많았는데, 그러면서도 늘 인생을 걸 만한 일을 만나기를 고대하고 찾아다녔어. 그런 내가 독일에서 오르겔바우마이스터가 될 줄 어떻게 알았겠어?"

오르겔바우마이스터가 되는 길

클래식기타를 배우려고 오른 유학길이었지만, 일 년쯤 지나 미래에 대한 고민이 더욱 커질 때 선명회 합창단을 만든 장수철 선생의 아들 장우령 씨(당시 유학생 선배)의 권유로 오르겔 제작의 길을 택하게 된다. 망치질 한번 제대로 배워 본 적 없는 그로서는 무척이나 힘든 시간이었다. 1987년부터 1년간의 목공 프락티쿰과 4년여의 오르겔바우 도제 과정을 거쳐, 1991년 오르겔바우 국가시험에 합격했다. 그러고는 오르겔바우 명가인 요하네스 클라이스 오르겔바우(독일 본Bonn 소재) 문하생이 된다. 그는 오르겔바우마이스터가 되기를 희망했다.

독일에서 마이스터가 된다는 것은 무척이나 어렵고 기회도 잘 주어지지 않는다고 한다. 그래서 독일인들에게는 존경받는 명예로운 직업인 것이다. 그렇기에 동양의 작은 나라에서 온 홍성훈에 대한 차별과 편견은 불 보듯 뻔한 일이었다. 더욱이 그가 입사한 요하네스 클라이스 오르겔바우는 3대에 걸쳐 110년 넘게 이어져 독일은 물론 세계적으로 인정받는 오르겔 명가였다.

사실 홍성훈은 어떻게 해서든 빨리 마이스터 자격증을 받아 고국으로 가고자 하는 생각뿐이었다. 그런 마음으로 마이스터인 클라이스에게 마이스터가 되고 싶다고 했다. 아마도 그런 그의 생각을 간파한 클라이스는 그에게 처음부터 다시 배우라고 했다. 날벼락 같은 대답이었지만 홍성훈은 처음부터 다시 배우겠다고 결정했다. 홍성훈은 이 시기를 인내하고 다시 시작한 것을 무척이나 다행으로 여긴다.

클라이스가 그에게 뭘 배우고 싶은지를 물은 적이 있었다. 이때 홍성훈은 이렇게 대답했다. "저는 되도록 많이 보고 싶습니다." 무슨 대답을 한 것인지 스스로도 모르는 즉흥적인 대답이었지만, 돌이켜보면 결과적으로 그는 최적의 대답을 한 것이었다. 클라이스는 홍성훈을 오르겔 건축, 보수, 복원 등 수많은 제작 현장으로 보내주었다.

성 루드게루스 성당, 성 스테파누스 성당, 성 마리아 임 캐피톨, 성 프리돌린 대성당, 성 빌리발트 성당, 아테네 콘서트 홀, 라이캬빅 대성당, 베르히테스가덴 대성당 등 홍성훈은 여러 현장의 오르겔 제작에 참여하면서 다양한 시행착오를 거치며 오르겔바우의 기본기를 다졌다. 수많은 현장에서 그는 독일의 지역 문화와 자연을 만끽할 수 있었다.

독일에서 쌓은 경험 위주의 교육은 한국으로 귀국하자마자 열악한 조건 속에서도 오르겔을 하나씩 지을 수 있게 해준 소중한 자산이 되었다고 한다.

4년 후 홍성훈은 오르겔바우마이스터슐레에 입학하여 마이스터가 되기 위한 준비를 한다. 1996년 한차례 떨어졌으나 재도전하여 이듬

해 마침내 오르겔바우마이스터 국가시험을 통과하고 마이스터 자격을 얻게 되었다.

"현장에서 정말 고생을 많이 했지. 30미터가 넘는 높이에서 파이프와 함께 떨어질 뻔한 적도 있었어. 덩치 큰 독일 사람에 비해 힘이 달려 고생한 적도 많았어. 그래도 빵은 내가 더 많이 먹었지. 현장의 일은 교과서와 달리 여러 변수를 해결해야 하는 일이 잦은 편이야. 그것을 해결하는 과정을 많이 볼 수 있었던 게 내겐 큰 자산이 됐어."

이중생활

홍성훈은 목공 도제 교육을 시작한 1987년부터 7~8년 동안 이중생활을 하게 된다. 독일 사람들에게 있어서 한국은 외화벌이를 위해 탄광 노동자와 간호사를 보낸 못사는 나라였다. 한국 문화에 대한 이해가 보잘것없던 시기에 홍성훈은 독일에서 한류를 알리는 전도사가 된다. 홍사단에서 배운 재능으로 괴팅겐, 뮌스터, 베를린, 프랑크푸르트, 뒤셀도르프 등을 돌며 장고, 사물놀이, 봉산탈춤 등을 독일의 1.5세대 간호사, 교포 및 독일인들에게 가르치며 공연을 다닌 것이다. 당시 소수의 한국 유학생과 교포 1.5세대 자녀들은 독일 사회에서 위축된 상태였다. 그런 그들이 한국 전통문화를 직접 배우고 독일인들 앞에서 신명나게 공연할 수 있게 되어 한국인으로서 대단한 긍지를 느끼고 자존감을 회복할 수 있었다고 한다.

그는 한때 100여 명의 제자와 더불어 공연을 다닐 정도로 엄청난 규모의 활동을 벌이기도 했다. 당시 독일 사람들에게 생소한 한국 전통문화를 전적으로 한 개인의 열정으로 선보인 셈이었다. 지금 이 시대라도 뉴스거리일 텐데 어떻게 그 당시에 그런 대규모 기획과 공연을 할 수 있었을까? 홍성훈 자신도 그 시절 얘길 하면서 고개를 절레절레 흔들 정도다. 1988년에는 서울 올림픽을 홍보하고 한국 문화를 알리기 위해 베를린, 마인츠, 할레, 뮌헨 등으로 연주 여행을 다녔다고 한다. 이 모든 여정에 그의 아내가 동행했다. 서양 음악을 전공한 유망한 플루티스트가 독일 가서 장고 한가락을 배워 남편과 함께 공연을 다녔다니 잘 믿기지 않는다.

홍성훈은 이 시기를 아주 즐거웠던 시간으로 기억한다. 월요일부터 금요일까지 도제 교육을 받고 주말 내내 공연하고 월요일 새벽에 다시 회사로 가는 생활을 반복했으니, 엄청난 체력과 열정 없이는 할 수 없는 일이었을 것이다. 과연 무엇이 그를 이끌었을까? 그는 흥과 풍류를 즐기는 기질을 타고 났다. 원래부터 놀기를 좋아하고 실제로 잘 논다. 다른 사람들과 더불어 문화와 예술을 나누고 소통하는 일에 열정을 쏟을 수 있는 이유를 여기서 찾을 수 있지 않을까?

홍성훈은 독일에서는 한국 전통음악과 춤으로, 한국에서는 오르겔로 사람들에게 다가가 같이 놀자고 권유하고 있는 게 아닐까 싶다. 오르겔바우마이스터로서 제작에 그치지 않고 오르겔과 더불어 새로운 문화와 예술을 기획하고 많은 사람들에게 그 가치를 알리려 하는 그의 열정은 참으로 대단하다. 그러한 열정과 에너지는 자신뿐만 아니라 함께하는 이들이 더불어 행복해지길 바라는 순수함에서 나오는 힘인 것이다.

"나는 주변에 있는 교포 유학생들이 주말에 기숙사에 죽치고 있는 꼴을 못 봤어. 모두 데리고 나와서 전통문화를 가르치고 함께 여행하고 공연하며 놀았지. 꿈도 못 꾸던 일을 한다며 정말로 좋아들 했어. 가난한 나라의 학생으로 독일에 와서 눌려 있던 그들이 한국의 문화를 즐기며 독일인들에게 자랑스럽게 내보일 수 있게 되었으니 자부심이 생겼을 거야. 그러니 미치도록 연습하고 공연했겠지. 언제 그런 경험을 해보겠어?"

오르겔 그리고 사람

문화예술 공연 기획자처럼 일하는 것도 홍성훈에겐 익숙한 일이 되었다. 그는 귀국하여 오르겔 제작을 하면서도 지인들을 초청하여 일 년에 몇 차례씩 작은 규모라도 음악회와 파티를 연다. 다양한 악기와의 앙상블을 끊임없이 시도한다. 쉬운 일이 아니다. 비용도 비용이지만 경험 없는 사람 혼자서는 결코 할 수 없는 일들이다.

놀아본 사람만이 노는 법을 아는 법. '마이스터'라 하면 한 우물만 파는 고지식하고 소통하기 어려운 사람으로 생각하기 쉽지만, 그는 그런 스타일이 아니다. 문화, 예술을 즐기고 사람 만나기를 좋아하는 사람이다. 머리가 허옇지만 순수하고 약간의 철없음이 매력인 영원한 청년 홍성훈의 매력이 바로 여기서 나오는 게 아닐까.

그를 알아갈수록 한국 사회에서 오르겔을 만드는 일이 얼마나 대단한 것인지를 깨닫게 된다. 하지만 티를 내지 않고 자신의 일을 철저하게 하면서도 인생을 열린 마음으로 즐길 줄 아는 그런 여백이 좋다.

"젊을 때 그런 다양한 활동을 다 어떻게 다 할 수 있었죠?"

"몰라! 꽂히면 바로 하고 그때그때 즐겼지. 난 깊이 생각 안 해! 누가 돈도 없이 독일 유학 가서 나처럼 놀 수 있겠어. 각 지역에 있는 오르겔을 나만큼 보고 다닌 사람도 없을 걸? 공연하고 여행하며 보고 듣고 느낀 것들이 지금 내가 오르겔을 만들 수 있는 자양분이 된 것은 아닌가 생각해."

바람 같은 삶이다. 자유롭고 낙천적인 바람. 목적이 없는 듯하나 사실은 필연적인 바람. 서정주 시인의 시구가 떠올랐다. "스물 세 해 동안 나를 키운 건 팔할_{八割}이 바람이다."

홍성훈은 두 가지밖에 모른다. 오르겔과 사람. 다시 말해 오르겔에 대한 역사적, 시대적 소명과 예술혼. 그리고 함께 음악과 삶을 나눌 수 있는 사람들 말이다. 그가 오르겔을 계속 만들 수 있었던 건 8할이 아

내의 역할이었다 해도 과언이 아닐 것이다.

홍성훈, 그의 아내에 대한 이야기를 해야겠다. 독일로 가기 직전, 홍성훈은 국내 유수의 음대를 졸업한 재원과 만나게 된다. 그녀는 홍성훈의 생동감 넘치는 신선한 활력과 순수한 모습에 끌려 집안의 반대를 무릅쓰고 결혼했다고 한다. 함께 공부하려는 꿈을 꾸며 독일로 갔으나 현실은 너무나 달랐다. 아내는 유학을 포기하고 전적으로 남편 뒷바라지와 자녀를 양육하는 일에 헌신하게 된다.

그녀는 남편이 오르겔바우마이스터 과정에 들어간 후 두 아이를 데리고 귀국하여 플루트 레슨을 하며 아이를 양육하는 일은 물론 독일에 있는 남편을 지원하는 일도 도맡았다. 홍성훈은 오르겔 제작으로 돈을 벌어 본 일이 거의 없다. 제작을 주문한 교회의 빠듯한 예산으로는 값비싼 자재, 작품을 더 잘 만들고 싶다는 욕심을 충당할 수 없었다. 초기 예산을 초과하는 일이 비일비재했다. 결국 그의 선택은 고스란히 아내의 고단한 삶으로 돌아갔다. 제작소 직원의 월급을 못 줄 때는 어렵사리 모아둔 아이들 학비까지도 눈물을 머금고 내어주어야 했다.

그 어려운 와중에도 아내는 큰딸을 독일과 미국에서 실력 있는 바이올리니스트로 키워냈다. 둘째 딸은 엄마와 동문으로 한국무용과 졸업을 앞두고 있다. 홍성훈은 이런 아내에게 빚진 마음을 자주 언급한다.

"나는 집에 해준 게 거의 없어. 아내가 나 대신 너무나 고생을 많이 했지. 미안하고 고맙고…."

열망이 열망을 만나다

그곳에 나의 첫 오르겔을 짓자!

1993년 독일에서 유학 중이던 홍성훈은 한국을 방문할 기회가 있었다. 그때 성공회 대성당 오르겔 연주자인 조인형 교수와 함께 성공회 대성당 지하에 있는 소성당을 방문했다. 50~60석 정도의 작은 규모지만 중세 교회의 로마네스크 양식으로 건축되어 경건함을 불러일으키는 공간에 매료되고 만다. 그리하여 독일에서 제작할 자신의 첫 오르겔 작품을 소성당에 지어야겠다는 꿈을 품게 된다. 성공회 대성당 음악감독인 이건영 교수, 연주자 조인형 교수와 오랜 논의 끝에 홍성훈의 졸업작품을 소성당에 설치하기로 결정된다.

"유럽의 어느 작은 성당을 방문했던 기억이 떠올랐어. 그 당시의 건축가가 늘 하나님과 소통하기를 원하는 소망을 담아 예루살렘이 있는 동쪽을 향해 조그마한 구멍을 뚫어놓았는데, 그때 그 모습을 연상케 하는 이 소성당에 오르겔을 짓고자 하는 소망이 싹트기 시작한 거야."

이전 해의 실기시험 실패 후 1997년 5월, 독일 루드빅스부르크에서 마이스터 과정의 마지막 관문인 실기시험이 있었다. 엄청난 중압감을 견디며 100시간에 걸쳐 치르는 시험 일정은 빡빡할 수밖에 없다. 제작 중반에 그는 실수를 하게 된다. 여기서 실수는 곧 실패를 의미한다. 그러나 동료들이 그 긴박한 가운데에서도 서로 격려하며 끝까지 함께 목표를 향해 나아갔다.

"합격 발표 이후 우리는 서로 부둥켜안고 뜨거운 눈물을 흘렸어. 내 지난 세월의 잡다한 호기심을 오르겔 제작의 감각을 익히는 밑거름으로, 괜한 자존심과 열등감으로 힘들었던 시간을 길고 고된 훈련을 참아내는 인내로, 쓸데없는 고집을 오르겔에 대한 열정과 집념으로 돌려놓으신 하나님. 그분이 마지막까지 교만함을 철저히 낮추시고 겸손하게 이 길을 가기 원하셨음을 나는 부끄러운 눈물을 흘리며 깨닫고 있었지."

이렇게 만들어진 졸업작품은 오르겔바우마이스터로서 그의 첫 작품이 된다.

성공회 대성당 지하 소성당 오르겔 제작을 꿈꾸고 5년이 흐른 1998년 2월, 오르겔바우마이스터가 된 홍성훈은 영구 귀국했다. 따뜻한 봄날 3월부터 보조 동역자로 나서준 조인형 교수와 함께 마이스터 졸업작품이자 첫 작품을 꿈에 그리던 소성당에 짓기 시작하여 두 달 만에 오르겔을 완성했다. 그해 5월 봉헌 기념 연주회가 한 달에 걸쳐 열렸다. 당시 IMF 상황으로 오르겔을 짓는다는 것이 어려운 결정이었겠지만, 음악을 사랑하는 이들에게 큰 위로와 치유의 시간이 되었을 것이다.

성공회 대성당의 소성당은 속삭이는 소리도 뚜렷이 들릴 정도로 공명이 잘되는 공간이다. 그곳에서 울려 퍼지는 오르겔 소리는 그야 말로 마음을 내려놓게 하는 천상의 소리이며 위로의 어루만짐이 느껴진다.

"완성된 오르겔로 봉헌예배를 드릴 때면 이 모든 수고가 단번에 환희와 감사로 바뀌게 돼. 무형의 공기가 수백 개의 파이프를 타고 들어가 천상의 하모니로 다시 태어나는 그 놀라운 순간을 무엇으로 표현할 수 있을까? 나같이 부족한 사람을 통해서 이토록 아름다운 소리로 하나님을 찬양하는 악기를 만들게 하시다니…. 오르겔 소리에 감동하고 하나님의 놀라운 섭리에 또 한 번 감격해 예배당 뒤편에서 소리 없이 눈물 흘리던 나. 생명력 있는 소리로 그분을 찬양하는 오르겔을 만들리라. 이 길이 정녕 내가 가야 할 길이라는 확신이 더해졌어."

"내가 만든 모든 오르겔을 사랑하지만 소성방 오르겔을 특히
사랑해. 지금도 가끔 소성당을 찾아가 묵상하곤 하지."

믿음에서 현실로

1998년 귀국 후 홍성훈은 한국기독공보사와 인연이 되어 예배전례에
따른 예배음악이 차지하는 중요성을 오르겔을 통해 알려달라는 부탁
을 받고 《기독공보》에 1년간 기사를 연재하게 된다. 전도사 시절부터
홍성훈의 글을 읽고 기사를 스크랩하면서 오르겔 건축에 대한 비전을

품어왔던 성남 선사교회의 박국배 목사는 2003년에 이르러 홍성훈을 처음 만난다. 당시 박 목사는 건물도 없이 20여 개의 의자가 있을 뿐인 임시 막사로 교회를 개척한 상태였다. 그럼에도 그가 보여준 교회음악에 대한 열정과 역할에 대한 확신에 감동한 홍성훈은 언제가 될지 모르는 그날을 위해 박 목사와 함께 그림을 그리기 시작했다. 건축물이 없기에 상상의 나래를 오히려 미음껏 펼칠 수 있었다. 박 목사는 홍 선생이 오르겔을 디자인하고 설계하면 거기에 맞추어 건축하겠노라고 했다. 두 사람은 의기투합했으나 위기도 있었다. 오르겔을 만드는 시점에 미국발 금융위기 사태가 터진 것이다. 환율 상승으로 1억 5000만 원의 추가 비용이 발생하게 되었다. 그럼에도 오르겔의 첫 그림을 그리기 시작한 이후 기적처럼 6년 만에 선사교회에 오르겔이 세워졌다.

"선사교회의 오르겔은 12개의 기둥으로 이루어져 있지. 예수
의 제자 12명을 생각한 디자인이야. 말씀이 선포되는 강단 뒤

쪽에 12개의 기둥으로 오르겔 뼈대를 세워 12명의 사도를 세운

거야. 한국적 격자무늬에 황금색을 입혀 장식했어."

비원에 있는 대웅전의 황금색 격자창을 본떠 품위 있고 온화한 모습을 구현하고자 했다. 오르겔 연주대는 오르가니스트의 주조정실에 해당하는 곳으로 가장 중요한 부분이기도 하다. 그 때문에 여기에는 무늬가 가장 아름다운 목재를 택해 사용하며, 이음새나 벽체 등 그 자체의 예술적인 완성도를 위해서 가장 많은 공을 기울인다.

만약 큰 교회를 대상으로 오르겔을 지었다면 홍성훈이 가진 색깔이 자유롭게 펼쳐질 수 있었을까? 실제로 몇몇 교회에서 의뢰를 받았다가 취소된 경우가 있었다. 대형 교회는 대부분 유럽 제작회사의 오르겔을 선호한다. 외국에서 수입한 장중한 오르겔을 가지고 있다는 데 대해 자부심을 느끼기 때문인지도 모르겠다. 하지만 이런 면에서 홍성훈은 장삿속이 없다. 막연히 유럽을 따라하는 수준의 오르겔은 만들고 싶어 하지 않는다.

"우리 문화 토양에 어울리는 오르겔과 미래 지향적이고 예술적 감흥이 넘치는 또 다른 세계로의 오르겔을 지향하고 싶어. 픽션과 팩트가 뒤섞여 얘기하는 나 스스로도 이해하기 버거울 정도로 지금까지 얼마나 많은 상상을 해왔는지 몰라. '정말 가능한 일일까?' '이런 소리를 만들어낼 수 있을까?' '조형은 어떠할까?' … 이처럼 누가 프로젝트를 맡긴 것도 아닌데 언젠가 실현할 꿈을 꾸지."

"예술가는 배고픈 걸 두려워하면 안 돼. 돈에 의해 판단과 결
정이 흔들린다면 진정한 예술을 이룰 수 없기 때문이지."

30년의 기다림

청운동 새사람교회의 김중기 목사는 젊은 시절 하와이에서 목회하던 당시 오르겔을 사용해 드리던 예배전례의 기억을 잊지 못했다. 한국에서 목회를 하면서 그때를 그리워했는데 교인 중 한 사람이 뜻을 같이한 덕분에 오르겔 제작을 진행할 수 있었다.

오르겔은 구상에서 건축에 이르기까지 2년 8개월 정도의 시간이 걸렸다. 교인이 많지 않아 본당이 지하층에 150여 석 정도인 크지 않은 교회였다. 교회 공간 곳곳에 큰 기둥이 있고 천장이 낮아 오르겔을 짓기에는 적합하지 않은 구조여서 구상 단계부터 어려움이 뒤따랐다. 그런데 예기치 않게 지하 본당에서 두 차례나 보일러가 터지는 문제가 발생해 교회 구조를 변경하고 리모델링을 해야 하는 상황이 되었다. 이 때문에 오히려 공간이 넓어져 김중기 목사가 바라던 오르겔을 세울 수 있게 되었다.

18개의 레지스터(악기)로 이루어진 이 오르겔 중 5개는 일반인들은 잘 모르겠지만 오르겔 연주자라면 누구든 한 번쯤 연주하고픈 소리를 갖고 있는 악기다.

첫 번째는 '팡파레 트럼펫'이다. 모양은 스위스 전통 악기인 '알폰'처럼 생겼는데 아주 강렬한 톤을 지녔다.

두 번째는 '홍플루트Hong Flûte'다. 이 악기의 모티프는 프랑스의 '플루트 솔로Fluete Solo'라는 악기다. 홍플루트는 나무(스프러스) 파이프와 메탈 파이프로 구성되어 있으며 스케일의 변형을 통해 낮으면서도 허스키한 소리를 낸다.

세 번째는 '프린치팔코리아Principal Korea'다. 프린치팔이라는 악기는 모든 파이프 소리의 기준이 된다. 프린치팔코리아는 한국적 오르겔 소리를 담아내고자 만든 악기로 플루트와 비슷한 소리를 낸다.

네 번째는 '피리Piri'다. 피리는 전 세계에 분포되어 있는 악기로 우리에게도 무척 친숙하다. 우리네 피리 소리는 가냘프면서도 청아하기 이를 데 없다. 다른 파이프의 소리에 피리가 어울리는 순간 모든 소리가 반짝반짝 살아난다.

다섯 번째는 '로샬마이Rohrschalmey8'다. 페달에 장착된 것으로 소리가 크지 않은 리드파이프 악기다. 일반적으로 페달로 연주하는 리드계열의 파이프 소리는 대체적으로 크고 강한 것이 특징이다. 하지만 홍성훈은 전혀 다른 발상으로 페달에 오리 울음과도 같은 귀여운 소리를 내는 리드파이프를 장착했다. 모양새도 그렇지만 소리도 특이한 르네

상스풍의 악기다.

새사람교회의 오르겔은 예배전례를 담당하는 악기지만 솔로 악기로서도 부족함이 없도록 구성되어 있다.

오르겔의 모양은 양 끝을 기준으로 약간 타원형으로 되어 있다. 본당 정중앙에 십자가가 있고, 오른쪽에 성가대, 왼쪽에 오르겔이 있다. 교우들을 향하게 하려고 타원형의 오르겔을 만든 것이다. 곡선이 주는 공간적 따뜻함과 공명 등도 함께 고려했다. 연주대 또한 오르겔 형태에 맞춰 곡선 형태로 제작했다.

오르겔의 위치가 왼쪽 구석이기에 전면 중심부인 프로스펙트를 비대칭의 형태로 하는 것이 전체 공간과 어울릴 것으로 판단하여 제작했다. 약 100년 이전에 프로스펙트는 정대칭 구조가 당연한 것이었다. 그러나 그 이후 점차 자유롭고 창의적인 비대칭 구조가 나타나기 시작했다. 홍성훈은 비대칭을 공간의 구조에 맞게 잘 사용한다. 새사람교회의 오르겔은 좌우 양쪽 프로스펙트는 대칭 형태로, 연주대가 있는 가운데 부분은 비대칭 형태로 하여 긴장감을 주었고, 파이프 입을 곡선 형태로 배열하여 리듬감을 살렸다.

홍성훈은 오르겔을 제작하면서 색을 넣는 것이 특징이다. 그의 스승인 클라이스는 전통적인 표현에 머무르지 않고 실험적이고 현대적인 오르겔 제작으로 정평이 나 있다. 홍성훈 또한 스승의 영향을 받아 오르겔의 콘셉트에 따라 다양한 색을 적용하여 오르겔에 성격을 부여한다. 이 때문에 연주하지 않는 상황이라도 오르겔 자체가 공간과 어우러져 훌륭한 장식이 되게 한다.

새사람교회 오르겔의 주색은 붉은색, 초록색, 금색이다. 붉은색은 인생의 고통, 힘듦, 낙담, 질투, 좌절 등의 어두운 면을 표현하고자 했다. 초록색은 끝없는 생명력을 가진 나무같이 희망, 나아감, 진화, 자라남, 소생 등의 긍정적인 면을 담아내고자 했다. 붉은색 사이에 있는 가는 금테는 하나님의 영광을 나타낸다.

"오르겔은 보이는 소리로서의 형태와 들리는 소리로서의
음색이 합쳐져서 하나의 생명체로 탄생한다."

시골 교회에 오르겔을 짓다

독일에서 귀국하여 얼마 안 되던 해인 2001년, 홍성훈은 서울대 성악과 출신으로 양평 국수리에 있는 국수교회에서 목회를 하던 김일현 목사를 만나게 된다. 음악을 사랑하는 김 목사는 도심에 치우쳐 있는 문화 혜택을 양평의 작은 시골마을 청년들과 어린이들이 누릴 수 있게 하겠다는 열망을 갖고 있었다. 가난한 시골마을에서는 쉽지 않은 일이었지만 홍성훈과의 만남으로 오히려 더 큰 꿈을 품게 된다. 바로 오르겔 건축을 꿈꾸게 된 것이다.

그로부터 6년 후 홍성훈은 국수교회 오르겔의 밑그림을 그리게 된다. 홍성훈은 자연을 사랑하여 자주 접하려 한다. 그 때문인지 오르겔 제작소가 있는 양평의 아름다운 자연을 평상시에도 늘 자랑하곤 한다. 이런 본바탕이 작업에 반영되기 때문인지 모르겠지만, 홍성훈은 국수교회 오르겔에 양평의 자연을 담기로 결정한다. 자연을 표현하는 오르겔을 제작하겠다는 그의 노력은 기존의 성당이나 교회에서 제작되는 오르겔의 제작 마인드와는 큰 차이가 있다.

"맑은 공기와 영롱한 햇살과 새들의 노래가 얼마나 아름답고
감사한지, 언제부터언가 이러한 것들을 오르겔에 담고 싶었어.
그게 국수교회에 세워질 거야."

국수교회를 짓기 전부터 예배전례를 위해 가장 염두에 두고 구상했던 것 중 하나가 오르겔이었다. 교회 건물은 2층으로 작고 둥근 체육관 형태로 건축되었다. 본당 내부는 벽돌을 쌓아 지었는데 원형으로 된 내부와 비교적 높은 천정 덕분에 공명이 훌륭하다. 양평 국수리는 산과 강이 아름답게 어우러진 곳이다. 홍성훈은 갤러리에 전시된 액자에 담긴 그림을 보듯 세 개의 산과 강, 물의 잔향, 하늘, 능선, 은하수, 그리고 뻐꾸기를 오르겔이라는 액자 안에 표현하고자 했다.

　오르겔 케이스의 외관을 액자 형태로 틀을 만들고 파격적이라 할 수 있는 연한 풀색을 입혔다. 정대칭을 과감히 버리고 세 개의 크고 작은 산을 파이프의 길이 배치를 통해 표현했고, 파이프 그룹의 겹침을 이용해 원근감을 살렸다. 또한 각기 다른 산은 그 크기에 맞게 세 개의 서로 다른 악기 소리를 담도록 의도했다. 남한강을 표현하기 위해서 소리가 생성되는 파이프들의 입에 금색을 입혔는데, 파이프마다 모양새가 조금씩 다른 입들을 가지런히 정리하니 조용히 흘러가는 강이 되었다. 그 밑으로 파이프 크기에 따라 굵기가 다른 원뿔형의 다리가 주는 시각적 차이로 인해 물의 잔향과 같은 느낌을 얻을 수 있었다.

　양평의 제작소에서는 아침마다 뻐꾸기 소리를 쉽게 들을 수 있다. 이를 표현하기 위해 오른쪽 끝자락에 뻐꾸기를 앉히고 소리를 얹었다. 산의 형태를 띤 굵은 파이프 뒤로 얇은 파이프를 설치하니 능선이 선명하게 나타났다. 그 위로는 아주 작은 LED를 이용해 수백 개의 별을 달아 오르겔 전체가 은하수 같은 느낌의 빛을 발하도록 의도했다.

2014년 두 명의 꿈꾸는 자들이 만나 13년이라는 열정과 기다림의 시간이 흘렀을 때 작은 시골마을에 꿈같은 '산수화 오르겔'이 탄생했다. 이 오르겔에 얽힌 이야기는 입소문을 타고 퍼져 많은 연주자가 방문해 연주하고 싶어 한다. 국수교회는 현재 1년에 100회가 넘는 연주회가 열리는 양평의 음악 성지가 되어가고 있다.

"12는 모든 것을 포함하는 '완전수'라고 하지. 연필 한 다스에는 연필 12자루가 들어 있고, 1년은 12달로 나뉘어 있지. 시간도 12시간을 기본으로 짜여 있고. 그동안 제작한 12개의 오르겔을 발판 삼아 산수화 오르겔을 기점으로 한국적인 소리와 미를 표현하고 싶었어. 산수화 오르겔은 13번째 작품이야. 새롭게 시작하는 첫 번째 오르겔인 셈이지."

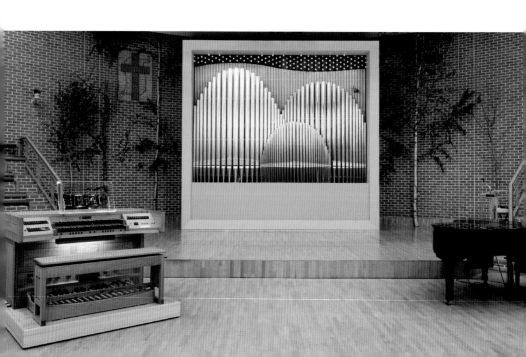

모두의 오르겔

산수화 오르겔을 제작한 이후 홍성훈은 소리에 생명을 불어넣는 오르겔이라는 악기를 어떻게 하면 더 많은 사람에게 알릴 수 있을지, 또한 한국의 미를 포함시킨 한국적인 오르겔을 보여줄 수 있을지를 고심했다. 그것은 그의 작품과 철학을 지지하고 응원하는 주변 지인들의 생각도 마찬가지였다.

홍성훈은 소셜펀딩 플랫폼 아트버스킹 김경서 대표, 페이스북 소셜네트워크 활동가 김영희 씨, 조형작가 장형순 씨, 무대장치감독 김한시 씨 등의 전문가들과 클라우드 펀딩을 통해 '오르겔문화펀드 공공프로젝트'를 진행하게 된다. 시민의 기부금으로 오르겔을 제작해 필요한 곳을 찾아가 예술문화기부를 하는 것이다.

한국 땅에서 홍성훈에 의해 오르겔이 지어진 것에 대해 역사적 연관성을 피력했던 음악평론가 이상만 씨는 이 오르겔에 '바람피리'라는 이름을 지어주었다.

오르겔에 대한 열망이 있는 분들의 바람이 오르겔 건축으로 이어진 일은 이전에도 있었지만, 바람피리 오르겔만큼 많은 사람의 관심과 후원이 어우러져 대중에게 오르겔의 의미를 알릴 수 있었던 작품은 없었다.

국수교회의 산수화 오르겔 이후 1년 넘게 오르겔 제작 의뢰가 없었기에 어쩌면 홍성훈은 경제적으로 힘들어 위축될 수도 있었을 것이다. 바람피리 오르겔이 클라우드 펀딩 형식으로 진행되긴 했지만, 사실상 대부분의 제작 비용을 홍성훈 스스로 감당해야 했다. 그럼에도 그는 왜 이러한 일을 계속하고 있는 걸까?

홍성훈의 오르겔에 대한 열망은 아주 강렬하다. 빛이 보여서 가는 것이라기보다는 빛이 있다는 걸 믿고 나아가는 것처럼 보인다. 그런데 결국엔 빛을 본다. 산수화 오르겔을 제작한 이후 1년 넘는 어둑한 시간은 오히려 가장 화려한 빛의 향연으로 돌아왔다.

서울역 구역사관에서 열린 연주회를 필두로 전주의 한국전통문화전당에서 진행된 연주회로 말미암아 '일월오봉도 오르겔' 제작에 대한 비전을 갖게 된 것이 그렇다. 또한 러시아와 중국으로 나아갈 오르겔 제작에 대한 실질적인 방안도 음악회를 통해 사람들과의 만남으로 가능해졌다. 바람피리 오르겔을 통해 한국적 오르겔의 가치가 널리 알려진 덕분에 향후 오르겔 제작과 관련하여 홍성훈이 나아갈 길이 구체화되는 시간이 주어진 것이다.

"이 오르겔은 내겐 특별한 악기야. 인터넷 클라우드 펀딩을 통한 후원으로 시작되었고, 많은 사람들의 관심과 도움으로 만들어진 악기이기 때문이지. 이 오르겔은 사람들에게 쉽게 다가갈 수 있는 이동성을 갖추고 있는데, 그런 의미에서 바람피리 오르겔은 모든 사람이 주인인 셈이야."

사방 1미터 정도의 크기를 가진 바람피리 오르겔은 전체가 검은색으로 되어 있다. 전면의 문을 개방하면 보면대와 함께 내부의 강렬한 선홍색이 드러나 바깥의 검은색과 대비를 이룬다.

바람피리 오르겔에는 장석 제작 기능전승자 양현승 선생이 만든 경첩이 달려 있다. 프로스펙트 전면의 비천구름상은 전작과 같이 그대로 놔둔 대신 한국화 국선 작가인 안명희 선생의 홍매화가 보면대를 시작으로 전면과 좌측면까지 이어져 내려오도록 배치했다. 서양 악기인 오르겔이 한국에서 새로운 형태로 꽃을 피웠다.

"독일에서 발명된 반도네온이 아르헨티나인의 삶에서 떼어낼 수 없는 악기가 된 것처럼, 바이올린이 이스라엘 민족의 정서를 잘 대변하는 악기로 변신한 것처럼, 오르겔이 한국 땅에서 새롭게 꽃피우게 되지 않을까? 오르겔이 어느 민족보다도 우리 정서에 가장 잘 맞는 악기라고 생각하기 때문이야."

한국적 오르겔을 꿈꾸다

홍대용의 꿈을 잇다

오르겔의 기원과 역사를 보면 동양에는 기원전 1100년 중국에 생황이 있고 서양에는 기원전 264년 알렉산드리아에 살던 크테시비오스가 수력을 이용해 만든 물-오르겔이 있었다. 이후 기원전 1세기 초, 풀무를 이용한 오르간이 출현했다. 중세 초기까지 비잔즈(터키의 옛 이름)는 오르겔바우어들의 중심 활동지였다. 이 당시까지만 해도 오르겔이란 악기는 종교의식 또는 교회전례에 사용되지 않고 연극이나 공연에 사용되었다고 한다. 오르겔은 5~6세기경 민족대이동 시기에 사라졌다가 757년 비잔틴의 황제 콘스탄틴 5세가 프랑켄의 왕 피핀에게 오르겔을 선물하면서부터 다시 서방세계에 모습을 드러내게 된다. 이때 오르겔의 형태는 그전과 달리 바람상자가 붙은 형태를 갖추기 시작했다. 오르겔의 전성기는 1287년 아일랜드 종교회의에서 정식 예배악기로 사용할 수 있다는 로마의 승인을 받았던 때를 시점으로 삼는다. 이로부터 수도원을 중심으로 오르겔이 예배음악에 사용되기 시작했다. 13세기부터 교회의 규모와 크기가 대형화되어 가면서 오르겔도 점차 거대

해지기 시작한다. 르네상스 시기(15세기 후반~16세기)에 제작기술이 발전하면서 바로크 시대(17~18세기)에는 오르겔 문화가 전성기를 이루게 된다.

오르겔은 건축물 안에 있는 또 하나의 건축물이자 악기다. 악기로서의 소리도 중요하지만 건물 안의 외형적 장식으로서의 가치도 클 수밖에 없다. 그래서 시대별로 국가별로 문화 사조에 따라 다양한 형태와 장식이 발달할 수 있었다.

유럽 가톨릭과 기독교와 함께한 오르겔의 역사에 비하면 한국의 오르겔 역사는 비교할 수 없을 정도로 짧다. 그럼에도 역사적으로 흥미로운 사실이 있다. 조선 중기의 실학자이자 과학자였던 남양 홍씨 담헌 홍대용은 선진 문물을 접하기 위해 중국으로 여행을 간다. 그는 북경 천주교회당에 있는 오르겔을 보고서 감명을 받는다. 거문고 명인으로 음악적 조예가 깊었던 그로서는 오르겔이 내는 소리에 대한 관심은 물론 과학자로서 오르겔의 구조와 원리에 대한 탐구심이 깊었을 것이다. 즉석에서 음을 짚어가며 조선의 가락으로 옮겨보려는 시도를 했고 짧은 시간에 오르겔의 기계적 원리까지 파악했다. 그가 쓴 《을병 연행록》을 보면 이런 사실이 여실히 드러난다.

"이 악기 제도는 바람을 빌려 소리를 나게 하는데, 바람을 빌리는 법은 풀무와 한가지다. … 바깥바람을 틀 안에 가득히 넣은 뒤 자루를 놓아 바람을 밀면 들어오던 구멍이 절로 막히고

통 밑을 향하여 맹렬히 밀어댄다. 통 밑에 비록 각각 구멍이 있으나 또한 조그만 더데를 만들어 단단히 막은 까닭에 말뚝을 누르면 틀 안에 고동을 당겨 구멍이 열린 뒤 바람이 통하여 소리를 이룬다. 소리의 청탁고저는 각각 통의 대소장단을 따라 음률을 다르게 하는 것이다." -서동철, 〈담헌 홍대용의 '을병연행록'〉, 《서울신문》, 2015. 12. 25.

악기를 만들어본 경험이 있는 홍대용은 분명 조선 땅에서 오르겔을 만들어보고 싶었을 것이다. 만약 홍대용이 나라의 지원을 받아 오르겔을 만들어냈다면 현재까지도 훌륭한 우리의 문화유산이 되었을 것이고 서양 것과는 다른 독특한 우리의 악기가 되어 있지 않았을까? 홍성훈이 그토록 연주하기를 바랐던 〈수제천〉이 조선의 악기로, 조선의 색으로 재탄생한 오르겔과 함께 궁궐 안에서 연주되었을 것이다.

모든 분야에 관심이 있고 조예가 깊었던 세종대왕은 한 나라의 음악과 악기의 가치에 대한 중요성을 인식하고 있었다. 당시의 조선은 중국의 악기를 수입하는 것도 통제를 당하고 눈치를 보며 만들어야 하는 상황이었다. 이 때문에 세종대왕은 박연을 통해 중국의 편경과 편종을 조선의 것으로 다시 태어나게 했다.

250여 년의 세월이 흐른 뒤 홍대용과 같은 남양 홍씨 홍성훈이 한국 땅에서 15번째 오르겔을 지어냈고 또한 짓고 있다. 조선의 홍대용이 이룰 수 없었던 꿈을 홍성훈이 이루고 있다면 너무 극적으로 과장한 이야기일까? 홍성훈은 독일에서 오르겔바우마이스터가 된 후 바로 귀

국했다. 독일에서 안정적인 삶을 살 수도 있었는데 무엇이 그를 고국으로 오게 한 것일까?

　"'홍대용 선생이 설사 오르겔을 만드는 원리를 알았더라도 실제 제작은 어려울 수밖에 없지. 오르겔은 재료(철, 주석, 가죽, 나무…)에 대한 전반적인 공학적인 이해 없이는 만들 수가 없으니까. 그런 면에서 현재의 한국은 면면히 이어진 전통문화 속의 소재와 재료, 자재, 제조기술을 통해 준비된 나라라고 할 수 있어. 오르겔은 종합적인 과학과 예술의 산물이기에 오르겔을 건립할 수 있으면 세계의 문화 선진국 대열에 들어설 수 있는 거야'라고 말한 이상만 음악평론가의 말을 빌자면 우리는 그 문화 선진국에 한 발짝 다가선 것이 아닐까?

　세종과 정조 때 조선이 문화의 황금기를 이룬 것처럼 앞으로 머지않아 다시 올 그때를 위해 나는 계속해서 한국적인 오르겔을 만들어갈 거야."

내 오르겔 소리의 모티프는 프랑스 로맨틱

봉천제일교회(현 큰은혜교회)의 오르겔은 홍성훈이 귀국한 직후 첫 주문을 받아 제작한 것으로, 국내에 작업실을 준비하지 못한 때라 독일에서 오르겔바우 제작소를 빌려 현지 기술자들과 같이 제작했다고 한다. 한국에서 짓게 될 오르겔의 기준이 될 것이란 생각에 심혈을 기울였다. 홍성훈은 독일에서 오르겔 제작을 배웠지만 추구하는 소리는 프랑스 로맨틱이었다. 프랑스 지역에 갈 일이 생겼을 때 우연히 한 성당에서 듣게 된 소리에 매료되었다. 전설적인 오르겔 제작자 까바이에-꼴이 만든 소리는 웅장하고 크고 힘이 있으면서도 부드럽고 따뜻하고 화려했다. 홍성훈은 이 소리가 한국의 정서에 더 잘 어울린다고 생각했다.

"봉천교회 오르겔은 한국에 건축한 내 두 번째 오르겔이야. 내가 생각하는 한국적인 소리는 프랑스 로맨틱을 바탕으로 하되 좀 더 허스키하고 중저음이 강조되는 음색이라고 생각해. 악기의 재질, 구성 등 많은 부분이 연구해야 할 과제야."

한국의 피리를 담다

도시에서 대표되는 교회의 오르겔 제작은 특별한 의미를 지닌다. 그 때문에 임동 주교좌대성당은 오르겔 제작자 홍성훈에게 큰 모험이요, 도전으로 다가왔다. 채색 창을 통해 들어오는 파랑색과 붉은색의 빛이 27미터에 달하는 높은 천장구조가 만들어 내는 소리와 어울리는 공간, 그야말로 오르겔 제작을 위한 최선의 조건을 갖추고 있었다.

홍성훈은 임동성당에 지은 오르겔에 자신만의 악기 두 가지를 넣었다. 그중 하나는 '플루트 솔로flûte solo'라는 악기다. 오래전부터 프랑스 스타일의 콘서트에서 주로 쓰이던 플루트 소리를 우리의 정서에 맞게 변환한 악기로 깊고 맑은 구슬 같은 소리를 담아내고자 했다. 이후 '홍 플루트Hongfluete 8''로 이름이 바뀐다.

또 다른 하나는 프린치팔코리아Principal Korea 4'라는 악기다. 이것은 홍성훈의 세 번째 오르겔부터 제작했는데 오르겔의 중심 소리를 내면서도 피리의 음색을 닮은, 일테면 우리 식의 악기다.

"임동 주교좌대성당의 소리 색깔은 채색 창을 통해 성당 안으로 들어오는 여러 빛에서 찾고자 했어. 그러니 오르겔이 어떠한 형태로 될지 그리고 여기에 맞는 소리를 무엇으로 채워넣을지 순식간에 머리에 떠올랐지. 생명의 근원적인 성격을 띤 구름 같은 저음과 원음을 그 바탕에 두기로 결정하고 플루트 계열의 악기에 둥글지만 명쾌한 소리의 성격을 부여하고자 했어. 트럼펫 계열은 100여 년 전 프랑스의 전설적인 오르겔 제작자인 까바이에-꼴(프랑스 로맨틱)이 만든 트럼펫 스케일을 참조하여 제작했고. 더할 나위 없는 매우 강렬한 톤을 발산하지만 아주 부드러운 소리를 함께 뿜어내는 묘한 매력을 주기 때문이야."

홍성훈은 늘 어렵고 외로운 길을 선택한다. 한국적인 오르겔을 만든다는 것 자체가 그렇다. 국내에서 규모가 제법 큰 곳들은 대부분 유럽 제작회사의 오르겔을 선호한다. 아마도 오르겔의 오리지널리티를 자랑하고 싶기 때문이 아닌가 한다. 하지만 유럽과 비슷하고 독특하지도 않은 오르겔에 엄청난 예산을 들여 지어내는 현실은 참으로 아쉽다.

서양의 전통적인 악기인 오르겔에 한국적인 소리와 문화를 담아내려는 홍성훈의 노력과 시도가 차별화되는 지점이 바로 여기가 아닐까 싶다. 선진의 문물이라도 우리 것으로 만들고 누리려는 생각과 시도에 큰 가치를 부여하는 사회가 되었으면 좋겠다. 그렇게 된다면 홍성훈을 믿고 오르겔 제작을 맡긴 교회와 성당, 그리고 개인들은 크나큰 문화적 가치를 소유했음에 자부심을 느낄 수 있을 것이다. 현재 홍성훈이 걷는 길은 더디고 어렵지만 그에게 주어진 소명 속에서 한 걸음 한 걸음 한국적인 오르겔 로드를 펼쳐가고 있다.

"독일에 '베루펜Berufen'이라는 말이 있어. 우리말로 번역하면 '직업'에 해당하는 말인데, 그 속뜻은 '하늘로부터 받은 소명'이라는 의미를 담고 있지. 오르겔바우마이스터로서 한국인이 좋아할 수 있는 한국적인 오르겔을 만들어내는 것이 나의 일이자 소명이야."

그래 뒤주다!

홍성훈은 유학 시절 우연히 보게 된 영화 속 작은 오르겔인 트루엔오르겔Truhenorgel에 감명을 받고 마음속에 작은 씨앗을 심는다. 한국에 돌아가면 언젠가 반드시 트루엔오르겔을 제작하리라 마음먹었다. 한국으로 귀국한 이후 이러한 마음은 서양 오르겔을 그대로 복원하는 것이 아닌, 한국의 미를 표현할 수 있는 한국적인 트루엔오르겔을 제작하고자 하는 열망으로 이어져 수많은 발품을 팔게 된다. 한국의 색, 재료, 기법이 있는 곳이면 어디든 찾아가 보고 듣고 묻는 시간이 점점 늘어났다.

"그러다 언제부턴가 네모반듯하고 두툼하고 묵직해보이는, 반쪽만 열리는 반닫이가 내 눈에 들어오기 시작했지. 실마리가 풀리기 시작했어."

"그래, 뒤주다!"

트루엔오르겔과 비슷한 크기와 형태를 갖춘 우리나라 전통의 뒤주를 모티프로 하여 오르겔을 제작하기 위해 홍성훈은 2년여를 구상한다. 트루엔오르겔은 이름의 의미처럼 '모든 문을 통과한다' 할 만큼 가로, 세로 1미터를 크게 넘지 않는 아주 작은 오르겔을 뜻한다. 크기가 작기 때문에 오히려 고도의 설계와 기술을 요한다. 괘종시계보다 손목시계가 만들기 더 까다로운 것처럼 말이다.

사실 독일에서도 트루엔오르겔은 여느 제작소에서 쉽게 만들 수 있는 악기가 아니라고 한다. 작은 크기에도 불구하고 기술적 완성도가 높아야 하는 악기이기에 작업 소요 시간을 매우 길게 세운다. 때로는 1년 가까이 걸리는 경우도 있다. 그래서 한국에서 트루엔오르겔을 만들려면 여러 대의 주문을 받아야 가능한 형편이었다.

홍성훈이 만든 트루엔오르겔의 시작은 참으로 극적이다. 시골 어린이와 청소년들에게 오르겔이 내는 좋은 소리를 들려주고자 하는 꿈을 품고 있었던 《십대들의 쪽지》 발행인, 고 김형모 선생이 발단이었다. 그런데 홍성훈이 만든 오르겔 소리에 빠져 언젠가는 오르겔을 갖고 싶어 하던 KBS교향악단 수석 오보이스트 윤혜원 연주자, 합창단을 위한 트루엔오르겔을 소망하던 성공회성당, 밀알교회 세라믹콘서트홀의 앙상블을 위해 트루엔오르겔을 두루 찾아 다닌 홍정길 목사, 프랑스 건축가가 설계한 가평 '생명의 빛 교회'의 연이은 요구로 5대의 오르겔을 동시에 제작하는 기적 같은 일이 일어난 것이다.

트루엔오르겔의 높이는 고작 1미터에 불과하지만 이 안에는 4개의

서로 다른 악기, 240여 개의 파이프가 빼곡히 들어차 있다. 오르겔의 외관은 아름다운 단풍나무 무늬를 그대로 살렸다. 전면부의 황금색 장식은 에밀레종에 양각된 비천상의 구름을 본떠서 제작했고, 오르겔 모서리에는 장석 제작 기능전승자인 양현승 선생의 경첩을 달았다. 전통 기술이 접목되어 서양에서는 볼 수 없는 한국의 미가 드러나는 아름다운 오르겔이 이렇게 탄생했다.

"광주 임동 주교좌대성당에 오르겔을 세우고 이탈리아의 산타체칠리아음악원의 교수가 봉헌 연주를 하고 난 후 '오르겔은 그 나라 그 민족의 악기가 될 수 있도록 그 땅에서 만들어져야 한다'고 했던 말이 마음에 오래도록 남았어.

무조건 우리의 것으로 바꿔버려야 한다는 민족주의적 발상 때문이 아니라 오히려 우리의 전통을 확장하고 신명나는 문화 확산에 큰 도움이 될 때 비로소 외국의 문화를 보다 쉽게 이해하고 받아들일 수 있게 되기 때문일 거야.

이 때문에 한국적 색깔이 담긴 뒤주 형태의 오르겔과 그 속에 담길 우리 정서에 들어맞는 소리를 찾으려고 했어. 우리나라에서 나는 오동나무와 소나무로 전통적인 피리 소리를 닮은 쾌활한 파이프를 만드는 것, 이런 시도가 우리의 부족한 문화의 한 부분을 채우는 데 큰 도움이 되지 않겠어?"

순우리말 악기로 만든 오르겔

블루오르겔은 사면이 제각각의 얼굴을 가지고 있다. 전후 면은 주석 파이프로, 좌우 면은 목관 파이프로 모습을 만들었다. 건물 로비 중앙에 세워져 있기에 사면을 통해 풍성한 소리를 전달할 수 있도록 했으며, 오르겔 뚜껑을 유리로 덮어 위층에서 오르겔 내부의 모습을 볼 수 있도록 구성했다.

블루오르겔은 세 가지 색으로 되어 있다. 오르겔 케이스 전체를 감싸는 파란색은 블루오션의 바다색을 상징하며, 장식적인 부분의 황금색은 오방색의 으뜸인 황색을 염두에 두었으며, 파이프의 은색은 지성을 의미한다. 이는 한국 중소기업의 비전과 창의적인 기업들이 되기를 바라는 희망을 표현한 것이다.

블루오르겔에는 한국의 대표적 '금하칠보' 가문을 이어가고 있는 박수경 작가의 화려한 칠보나비 12마리가 오르겔 사면 곳곳을 입체적으로 장식하고 있다. 보면대에는 바다를 주제로 연푸른빛의 칠보를 입혀 한국의 전통미를 물씬 풍긴다.

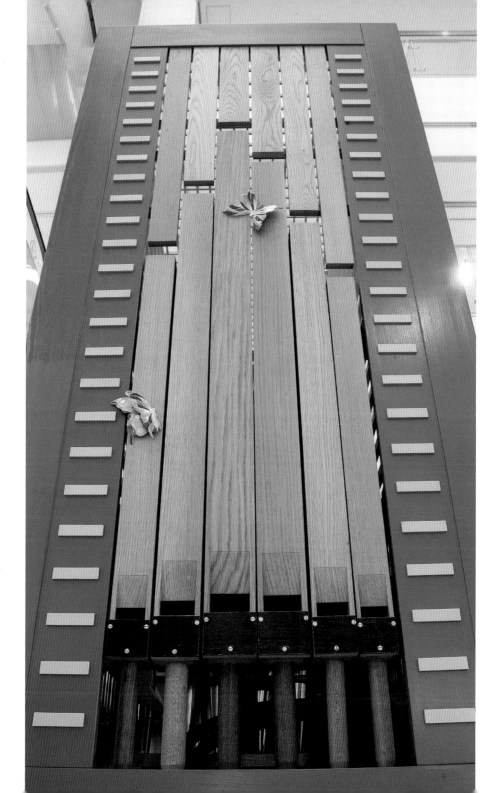

블루오르겔은 홍성훈이 만든 작품 중 일반 건축물에 세워진 최초의 오르겔로 서울시 마포구 상암동에 있는 중소기업중앙회의 DMC타워 로비 중앙에서 아름다운 자태를 뽐내고 있다. 이 오르겔은 중소기업중 앙회 이경호 부회장이 어머니의 문화적 사회환원의 뜻을 받들어 세워 지게 된 것이라고 한다.

블루오르겔은 세워진 곳의 특성상 음악적 요소뿐 아니라 예술적 설 치작품으로서 그 존재감이 아우러지도록 제작되었다. 홍성훈은 블루 오르겔의 50퍼센트 이상을 순수 한국 자재로 제작할 수 있었다는 것에 큰 의미를 둔다.

"언젠가 유럽식 악기들의 이름이 우리의 한글 이름으로 바뀌 기를 바라는 마음을 오래전부터 가지고 있었어. 이 때문에 블루 오르겔은 각 레기스터의 소리 성격에 맞춰 순우리말 이름을 붙 여주게 되었지.

푸른 바다와 같이 부드럽고도 넘실넘실 움직이는 느낌을 닮 아서 '푸르아라', 오르겔의 중심이 되는 기둥 같은 소리를 내도 록 전면을 장식한 파이프를 위해 '가온누리', 멀리서 불어오는 듯 새벽을 깨는 동풍 같은 소리를 가진 '샛바람', 그림을 그린 듯 아름다운 새 소리 같아 '아련나래', 청아한 샘물 같은 맑은소리 를 닮아 '새암', 은하수의 별들처럼 작고 반짝이는 소리 같아 '미 리별'이라고 말이야."

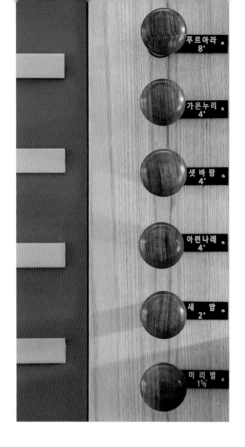

　"작은 오르겔이지만 눈감고 들으면 큰 오르겔로 착각할 정도
여서 나 스스로도 깜짝 놀라곤 해. 건물 로비의 천장이 유리로
마감되어 있어서 햇빛이 쏟아져 들어오는데 파란색의 오르겔
과 은색 파이프에 햇빛이 반사되면 오로라처럼 영롱한 빛을 발
하지. 마치 천상의 소리가 세상 속으로 울려 퍼지며 사람들에게
평안과 감동을 선사하며 오르겔이 뜻밖의 소명을 감당하는 듯
하여 내게 큰 감동으로 다가오곤 해."

오르겔 로드

한국 땅에서 피어나는 오르겔 문화

홍성훈이 요하네스 클라이스 오르겔바우에서 교육받을 당시 클라이스에게 들은 얘기다. "1930년대 초에 오르겔 한 대를 한국으로 보냈다고 들었네." 그 후 한국으로 돌아온 홍성훈은 북한에 있는 덕원 수도원이란 곳에 1932년 오르겔이 지어졌다는 얘기를 듣고 무척 놀라며 관심을 보였다고 한다.

남한에서는 정동교회(1918년 제작), 원주제일감리교회(1923년 제작), 명동성당(1924년 제작) 등이 오래된 오르겔을 보유하고 있다. 한국에서 오르겔이 본격적으로 설치되기 시작한 시기는 1970년대 후반부터다. 1978년 세종문화회관에 국내 최대의 오르겔이 지어졌다. 그 이후 교회와 성당들은 유럽과 미주의 제작회사에 오르겔 제작을 맡겼으니, 이렇게 완성된 오르겔은 실상 그들의 것일 뿐이다. 어쩌면 국내에서는 외국 스타일의 오르겔을 더 자랑하고 싶어 했는지도 모르겠다.

한국에서 오르겔을 제작한다는 것은 많은 어려움이 따르는 일이다. 국내 제작가에 대한 신뢰가 부족할 뿐더러 경제적인 타산을 맞추기 어려운 현실이다. 이 때문에 마이스터 자격을 얻었더라도 독일 현지에서 일을 하거나 한국에서 주문을 받아 외국 회사에 제작을 의뢰하는 딜러로 활동하는 이가 대부분이다. 그러나 홍성훈은 한국 땅에서 오르겔 제작자로 활동하는 삶을 선택했고, 18년 넘게 고군분투하며 15번째 오르겔을 세웠다. 100년 남짓한 한국의 오르겔 역사에 자신만의 발자취를 남기고 있는 셈이다. 그가 걷는 길을 거름 삼아 한국 땅에 아름다운 오르겔 문화가 꽃피우길 기대한다.

제작실을 갖추다

2005년 12월 경기도 양평에 홍성훈 오르겔바우 제작소가 세워졌다. 건물은 총 세 동으로 주제작실과 목공실 그리고 사무실로 구성되어 있다. 현재까지는 주석 파이프를 제작하지 않기에 목공의 비중이 크다. 그렇지만 오르겔 제작의 국산화율 40퍼센트는 대단한 성과가 아닐 수 없다. 600년의 오르겔 제작 역사를 자랑하는 독일도 자체 제작률이 70~80퍼센트 수준이기 때문이다. 홍성훈은 머지않은 시기에 주석 파이프 제작도 국내에서 진행하겠다는 계획을 세우고 있다.

제작소 일과는 8시 출근으로 시작된다. 서울에서 출근하기에는 다소 이른 시간이지만 이때 출근해 특별히 시간을 다투는 일이 없는 이상 6시에 퇴근한다. 홍성훈은 양평에서 맞는 아침을 사랑한다. 사시사

철 새로운 아침의 향기로움과 새들의 노랫소리, 눈부신 햇살이 피곤한 몸을 일깨운다. 새로운 기분을 느끼며 뜨거운 모닝커피와 빵 한 조각을 나누는 것으로 직원들과 소통한 뒤 본격적인 작업을 시작한다.

제작실에서 홍성훈이 애타게 찾는 것이 있다. 그것은 오르겔 제작 기술을 전수받을 제자다. 많은 사람이 저마다의 생각과 목적을 갖고 머무르다 갔다. 1년 이상 지속해서 배우려는 사람이 드물다. 대부분 경제적인 한계와 비전의 한계를 느끼며 떠나갔다. 이런 부분에 만족을 줄 수 없는 여건과 함께할 수 없는 사람들에 대해 홍성훈은 늘 힘들어한다.

40평 정도의 주제작실이다. 이곳에서 목재들은 각양각색의 모양으로 다시 태어난다. 부품 제작, 조립, 구조물 집성, 파이프 세우기, 오르

겔 제작, 기본 정음, 확인 후 해체 작업 등이 이뤄지며 때에 따라 연주
회가 열리는 콘서트홀로도 바뀐다.

오른쪽 공간은 목공실이다. 목재 재단, 대패질, 샌딩, 각끌 작업 등
이 이곳에서 이뤄진다. 아래쪽은 사무실이다. 설계 작업 및 사무를 보
는 곳이다. 옆에 딸린 방은 숙소로도 활용된다.

오르겔의 기본 구조

오르겔은 크게 네 부분으로 나눌 수 있다. 첫째, 바람 터널을 통해
파이프가 서 있는 바람상자까지 바람을 공급하는 모터다. 옛날에는 대
형 풀무로 바람을 일으켜 파이프에 공기를 공급해 소리를 냈으나 전기
가 발명된 이후 1900년대부터는 모터를 이용해 많은 양의 바람을 일정
하게 창고에 저장할 수 있게 되었다. 이로써 연주 도중 바람 부족으로
생기는 소리의 흔들림을 막을 수 있게 되었다.

둘째, 바람상자. 우리는 이것을 '오르겔의 심장'이라 표현하기도 한다. 겉으로 보기에는 별로 복잡해보이지 않는 2~4미터 정도의 폭을

가진 상자지만, 완벽에 가까운 기술을 요구하는 매우 복잡한 기능을 갖춘 장치다.

파이프마다 마개를 가지고 있는데 건반의 움직임에 따라 역학적인 방법에 의해 바람상자 속의 마개가 아래로 열리면, 바람창고에서 터널을 통해 바람상자까지 도달한 공기가 열린 마개 사이로 쏜살같이 흘러들어가 파이프가 서 있는 곳까지 다다르게 됨으로써 파이프를 진동시키게 된다. 반대로 건반에서 손을 떼면 바람상자 속의 마개가 구멍을 막아 바람을 차단시켜 파이프의 소리가 멈추게 되는 것이다.

셋째, 바람통이면서 파이프 연결 부분인 윈체스터. 저장된 바람통 위에 파이프가 연결되어 건반을 누를 때 바람구멍이 열리면서 각 건반과 연결된 파이프의 소리를 내게 되는 것이다. 매우 정교한 부분으로 정밀도를 요한다.

넷째, 레기스터(스톱이라고도 말한다)와 손 건반, 발 건반(페달)이 있는 '연주대'다. 오르겔 전체를 관장하는 머리에 해당하는 '주조정실'이라 할 수 있다. 갖가지 파이프의 소리 배합은 연주대에 설치된 레기스터를 통해 이뤄진다. 연주 건반 또한 이곳 연주대에 장착되어 연주자가 연주하는 것은 물론 연주 도중 소리 색깔의 전환 또한 이곳에서 이뤄진다. 많은 수의 파이프가 장착된 오르겔을 음악적으로나 기술적으로 잘 연주할 수 있도록 모든 역학적 장치와 전자장치가 설치되어 있는 곳도 바로 이 부분이다.

오르겔은 대개 2~3단의 손 건반을 갖추고 있는데 어떤 건반에서

연주하든지 기본적인 기능은 같다. 단지 파이프 소리의 특색에 따라
구분해놓은 것이다. 건반 구성은 약간씩 다르긴 하나 보통 4~5옥타브
(C-a''')의 폭을 가지고 있으며, 페달은 2개 반의 옥타브(C-g')의 폭을 갖
고 있다.

　다섯째, '파이프'를 들 수 있다. 오르겔 소리는 파이프를 통해 흐르는 공기에 의한 진동으로 구현된다. 파이프는 길이가 10여 미터가 넘는 것에서부터 작게는 5밀리미터까지 다양하게 구성되어 있다. 바람상자 위에 서 있는 파이프들은 낮은 음을 내는 큰 파이프에서부터 높은 음을 내는 작은 파이프에 이르기까지 건반 수대로 나란히 정렬된다. 여기에는 흔히 볼 수 있는 연통 모양의 파이프 외에 가느다란 모양의 파이프, 원뿔 모양의 파이프 등 각기 다른 모양새의 파이프가 들어간다. 파이프 형태에 따라 소리 색깔과 성격도 달라진다.

파이프는 100년 전과 차이가 없을 만큼 옛날 방법을 그대로 재현하고 있다. 파이프는 천차만별의 형태로 구성되어 있으며, 그 모양에 따라 둔한 소리, 어두운 소리, 강한 소리, 가녀린 소리를 낸다. 파이프는 주석과 납을 용광로에 넣어 녹여서 만드는데 납을 많이 사용하면 둔탁하면서도 부드러운 소리를 내고, 주석을 많이 사용하면 밝고 명랑한 소리를 낸다. 이처럼 합금 비율에 따라 소리의 특성이 달라지는 원리를 이용해 레기스터의 이름을 붙이게 되는 것이다. 파이프는 크게 플루트 계열과 리드 계열로 분류되는데 700여 개 이상의 레기스터가 있다.

오르겔이 세상에 나오는 여정

설계

    새로운 오르겔을 주문받으면 다양한 구상과 콘셉트를 스케치를 통해 구체화하고 컴퓨터 그래픽을 이용해 설계도를 제작한다.

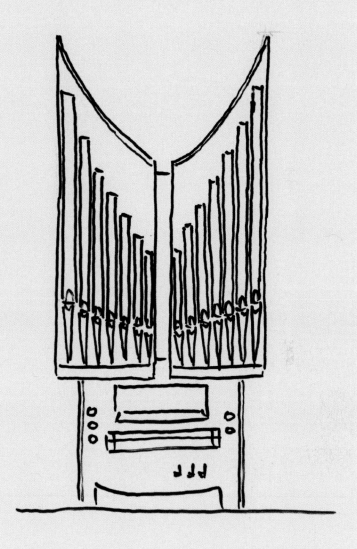

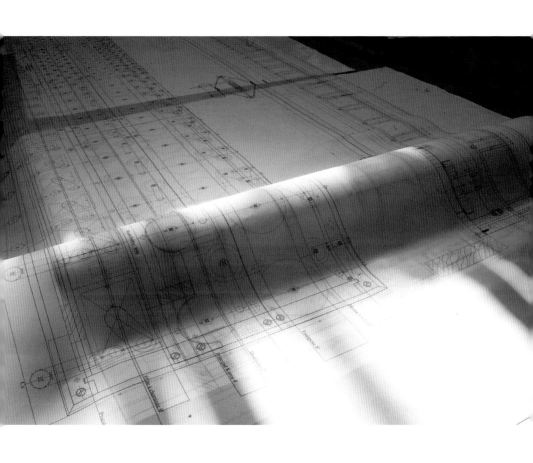

자재 주문

주석 파이프는 크기, 합금 비율, 두께 등을 계산하여 주문, 제작한다. 제작자가 원하는 소리를 만드는 아주 중요한 과정이다. 나무 파이프 및 오르겔 본체와 내부에 사용될 목재는 인천의 목재소를 방문해원목을 직접 고르고 필요한 크기에 맞춰 재단하여 주문, 제작한다. 오르겔 내부에 들어가는 각종 금속재료, 가죽, 섬유, 합성재료, 전기계통부속들은 을지로와 청계천 일대의 재료상에서 주문, 제작한다. 현재주석 파이프를 제외한 자재의 50퍼센트 이상을 국내에서 제작하여 사용하고 있다.

본체 제작

내구성과 미적 요소가 중요한 오르겔 외관은 화이트오크나 단풍나무(10여 가지)를 사용하기도 한다.

내부 제작

고도의 정밀함이 요구되는 작업으로 오차 없이 만들어야 한다. 제작 때마다 가장 긴장하고 세심하게 시간을 들이는 과정이기도 하다. 내구성이 필요한 틀은 화이트오크를 주로 쓰고 내부에는 자작나무 합판을 사용한다.

오르겔 내부에는 모터, 바람통, 주조정실에 해당하는 연주대, 그리고 레기스터, 윈체스터, 파이프 등의 구성물이 있다. 이 모든 부분의 정밀한 상호 연결이 기술적 관건이다. 이 중에 한 부분이라도 어긋나면 소리에 치명적인 영향을 준다.

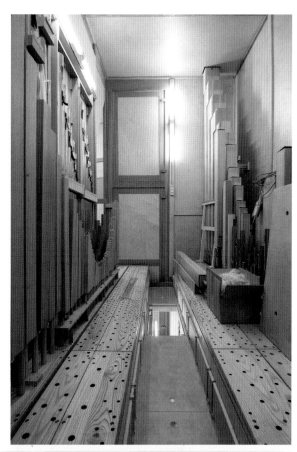

디자인

　오르겔의 콘셉트를 보여주는 요소다. 파이프의 위치와 형태, 외관의 색과 장식, 소재와 재질 등이 종합적으로 어우러져 제작자의 의도를 드러낸다. 오르겔은 들어서는 공간에 그 자체로 하나의 장식적인 요소가 되므로 건출물과의 조화로움 또한 중요한 고려 사항이다.

파이프 기본 정음

모든 작업이 완료되면 파이프의 기본 정음 작업을 거친다. 정음 작업은 수백에서 수천 개에 달하는 파이프의 정확한 음색을 만드는 작업이다. 제작실에서 모든 파이프를 일일이 다듬고 매만져 제소리를 찾아 주어야 한다. 오르겔 제작을 마무리하는 제작자에게는 매우 중요한 단계라고 할 수 있다. 기본 정음을 끝내고 제작실에서 첫 시연을 할 때의 긴장감은 이루 말할 수 없다고 한다.

해체 작업

오르겔은 두 번 지어진다. 제작소에서 한 번, 설치될 곳에서 다시 한 번. 제작소에서 정음 작업을 거친 오르겔은 해체한 다음 부품에 고유 번호를 매겨 꼼꼼하게 포장한다.

설치 장소에서 재조립

실제로 오르겔이 들어설 공간에서 처음부터 다시 짓는다. 제작소에서 처음 지을 때보다 건축 기간이 짧아지긴 해도 오르겔 크기에 따라 보통 1~2개월가량 걸리는 과정이다.

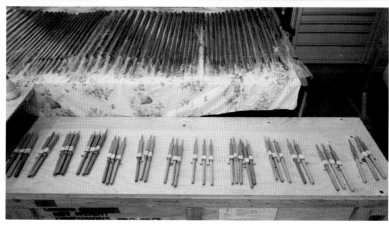

현장 정음 및 조율

오르겔이 완성되는 최종 단계에 해당한다. 제작실에서 기본 정음을
끝낸 오르겔은 설치되는 현장의 공명에 맞도록 다시 한 번 정음과 조
율 작업을 거친다. 이 과정에서 오르겔 소리의 볼륨과 음색이 완성되
므로 각별히 신경을 써야 한다.

오르겔바우마이스터
홍성훈이 제작한 오르겔

마이스터 졸업작품

건축 연도: 1998년
위치: 대한 성공회 주교좌소성당(서울 중구 세종대로 21길 15)
레기스터: 5개
특징: '다윗의 별'을 모토로 제작. 전기모터와 발을 사용하는 풀무를 같이 쓸 수 있게
제작

오르겔바우마이스터 합격 졸업작품이자 홍성훈의 첫 번째 제작 오르
겔이다.

"마이스터 제도는 독일의 전통문화 계승을 위해 국가에서 막
대한 예산을 들여 운영한다. 그렇기에 외국인에게 문을 열어 주
는 것은 자국의 기술을 돈을 쥐가며 반출하는 것이나 다름없다.
내가 마이스터가 된 건 기적에 가깝다."

프랑스 로맨틱의 소리

> **건축 연도:** 2001년
> **위치:** 봉천제일교회(서울시 관악구 봉천로 462)
> **레기스터:** 22개
> **특징:** 프랑스 로맨틱풍의 소리에 착안해 한국적 소리를 만드는 시작점이 된 작품

홍성훈이 국내 귀국 후 첫 주문을 받은 오르겔로 독일에서 공부할 때 추구하던 소리인 프랑스 로맨틱을 모티프로 제작했다. 독일에 있을 당시 프랑스 지역을 몇 번 여행할 일이 생겼는데, 전설적 오르겔 제작가인 까바이에-꼴의 작품이 있는 성당을 방문할 기회가 있었다. 웅장하고 힘이 있으되 부드럽고 따뜻하고 화려한 오르겔 소리에 매료되었다.

"봉천교회에 지은 오르겔은 프랑스 로맨틱 소리를 모티프로 하여 한국에 건축된 나의 첫 작품이다. 이후로 나는 확고한 방향성을 정하게 되었다. 내가 생각하는 한국적인 소리는 좀 더 허스키하고 중저음이 강조되는 소리라 생각했기 때문이다."

작은 악기, 큰 소리

> **건축 연도:** 2004년
> **위치:** 아름다운 동산교회(경기도 용인시 수지구 광교호수로 366)
> **레지스터:** 10개
> **특징:** 높은 천장에 맞춰 소리의 볼륨이 큰 파이프로 웅장한 소리를 냄

홍성훈은 아름다운 동산교회의 오르겔을 제작하기 전에 세 가지를 마음으로 약속했다고 한다. 첫째, 한국 땅에서 우리의 힘으로 만든다. 둘째, 한국 땅에서 나는 것으로 만든다. 셋째, 우리의 소리를 만든다. 이런 결심을 단번에 실현할 수 있는 상황은 아니었을 것이지만 자신과의 약속은 끊임없는 도전이자 사명감으로 다가왔을 것이다.

"오르겔은 제작을 시작하고도 한동안 형태가 전혀 나타나지 않는다. 고로 제작자에 대한 절대적 신뢰가 필수적이다. 아름다운 동산교회에 오르겔을 지으면서 목사님과 교우들의 전폭적인 신뢰 속에서 더할 수 없는 행복을 맛보았다."

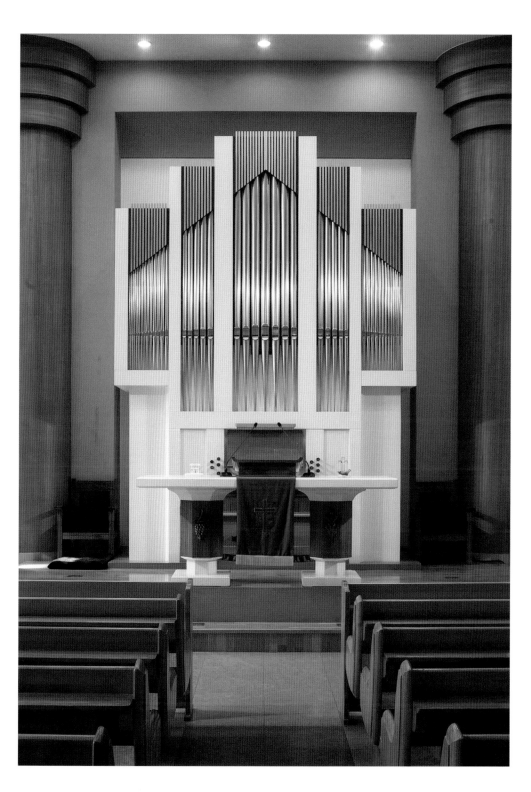

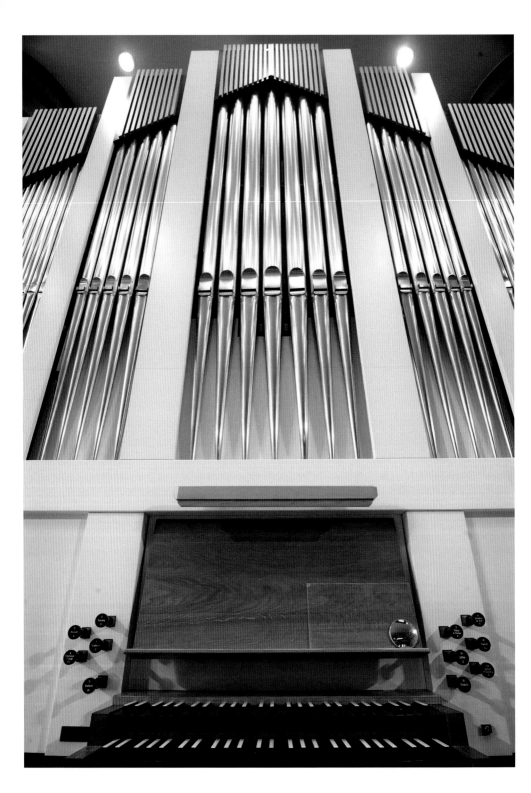

새로운 색의 시도

건축 연도: 2005년
위치: 예수로교회(경기도 파주시 교하로 677-79)
레기스터: 10개
특징: 해안의 터키색 물빛과 은색 파도를 오르겔에 표현

일반적으로 오르겔 하면 브라운 계열의 색에 익숙하다. 이곳의 오르겔을 터키색으로 결정하기까지 반대와 우려의 목소리가 적지 않았으나 홍성훈은 진정 어린 마음으로 끊임없이 설득하여 최종 완성했다.

"음악은 언어로 의사소통이 되지 않는 인간들의 마음을 움직일 수 있게 하며 인간들의 영혼을 하늘과 교통할 수 있게 한다. 그 가운데 공간을 뛰어넘어 우리가 알 수 없는 소리의 색깔을 빚어내는 악기가 바로 오르겔이다. 오르겔이라는 프리즘을 통해서 새로운 세계를 경험하는 그것은 영혼의 소리이며, 절대자에게 바치는 인간의 기도이기도 하다."

믿음의 시작

> **건축 연도:** 2006년
> **위치:** 논현2동 성당(서울시 강남구 선릉로 145길 17)
> **레기스터:** 18개
> **특징:** 오르겔이 성당 2층 오른쪽에 배치되어 있어서 비대칭 프로스펙트로 제작. 오르겔의 80퍼센트를 어두운 회색으로 만들어 중후함을 살림. 미켈란젤로가 하나님의 옷을 연분홍색으로 그린 것에 착안하여 분홍색(약속의 무지개)으로 장식함

논현2동 성당의 한영석 신부는 본인이 그린 교회 건축 스케치를 홍성훈에게 내밀며 오르겔 제작을 의뢰한다. 홍성훈은 1년이 지나 설계도를 신부님께 드렸다. 이를 토대로 오르겔을 지을 예산도 없이 성당을 건축하면서 오르겔을 세울 공간을 마련해두었다. 그 후로 시간이 지나 논현2동 신부로부터 전화가 왔다. "홍 선생, 오르겔 지읍시다!"

신자 한 분이 신부의 비전에 감동을 받아 헌금을 한 것이다. 그렇게 논현2동 성당은 신부와 교우들의 헌신으로 오랜 숙원인 오르겔을 건축할 수 있었다.

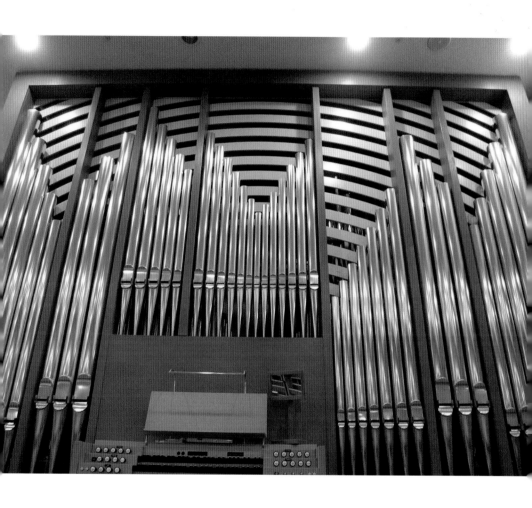

"비대칭 형태의 오르겔 제작은 의외로 어렵다. 잘못하면 예
술적 가치를 상실할 수도 있기 때문이다. 오르겔은 음향적인 완

벽함이 중요하지만 조형적인 모습도 매우 중요하다. 예술적 작
품으로서의 가치가 여기서 판가름 난다."

큰 모험, 큰 도전

> **건축 연도:** 2006년
> **위치:** 임동 주교좌대성당(광주시 북구 태봉로 21)
> **레기스터:** 30개
> **특징:** 기둥 3개. 성부, 성자, 성령. 붉은색은 주교의 색(제의)이다.

1980년대에 세워진 광주의 대표 성당인 임동 주교좌대성당. 오래된 성당이지만 상당히 모던한 건축물이다. 정육면체의 간결함과 실내로 유입되는 절제된 빛, 27미터 높이의 3층 구조, 양쪽으로 길게 펼쳐진 기둥들과 그 사이의 회랑. 오르겔을 위해서는 더할 나위 없이 좋은 건축물이다. 성당은 내부 인테리어를 최소화한다. 벽이나 천장을 다른 장식으로 뒤덮지 않는 단순 콘크리트 구조물이다. 흰색 벽으로 군더더기 없이 심플하다. 공명은 덤으로 얻었다. 여기에 홍성훈은 레기스터 30개를 갖춘, 그로서는 가장 큰 오르겔을 지었다. 유럽에서 주교좌대성당의 오르겔을 짓는 것은 오르겔바우마이스터에게 큰 영광이다. 그 지역 주변을 대표하는 악기가 되기 때문이다.

"히포크라테스는 환자에게 가장 좋은 치료는 음률인데 그 가
운데 플루트 소리를 내는 악기라고 했다. 독일의 신학자 본회퍼
또한 지속적인 음을 내는 악기가 찬양에 매우 적합하다고 했다.

그것은 오르겔을 뜻한다. 오르겔은 하나님을 섬기는 영혼의 조
율사로서 기능을 해야 한다는 것이 나의 신념이다."

개성 있는 나무 파이프

건축 연도: 2009년
위치: 선사교회(경기도 성남시 수정구 탄천로 319번길 4)
레기스터: 30개
특징: 12사도를 의미하는 12기둥으로 전면부를 구성. 비원의 대웅전에 있는 황금색
　　　격자창을 장식 요소로 표현

선사교회 박국배 목사는 음악이 얼마나 큰 감동을 주는지 알고 있기에
교회음악의 역할에 대한 확신이 있었다. 박 목사는 천막 교회 시절부
터 오르겔 건축을 홍성훈과 더불어 꿈꾸며 6년 만에 완공할 수 있었다.
선사교회 오르겔은 붙박이 형태로 12사도를 상징하는 12개의 기둥을
가진 정대칭 형태다. 여기에 들어간 나무 파이프는 각각의 개성을 살
려 홍성훈이 원하는 부드럽지만 웅장하고 무거운 프랑스풍의 소리를
낸다.

오르겔바우마이스터 홍성훈이 제작한 오르겔   181

아날로그와 디지털의 만남

건축 연도: 2009년
위치: 구로 아트밸리 예술극장(서울 구로구 가마산로25길 9-24)
레기스터: 1개 30음
특징: 국내 처음으로 시도한 디지털 기술을 접목한 아날로그 오르겔

서울대 음악과 이돈응 교수의 소개로 함께 참여하여 9개월간의 토론과 연구 끝에 기존의 오르간이 아닌, 연주대나 연주자 없는 파격적인 오르겔을 제작했다. 디지털 기술을 접목한 오르겔인 풍관이 그것이다. 공연 시작 10분 전, 컴퓨터 프로그램을 통해 자동으로 모터가 작동하여 바람을 만들고 바람창고에 모인 바람이 각 파이프로 이동한다. 약 30여 개의 시간의 흐름을 표현하는 파이프들은 각기 자기만의 음을 가지고 있다. 컴퓨터에 입력된 음표가 전기적 신호를 보내면 바람 개폐기가 시간의 차이로 열리면서 음악을 만들어낸다. 풍관의 컴퓨터에는 3000곡을 연주할 수 있는 프로그램이 삽입되어 있다.

"이 작업 이후 오르겔에 대한 생각이 좀 더 자유로워지기 시작했다. 유럽에서 보는 정대칭 형태의 비슷비슷한 모습의 오르겔에서 탈피하여 무한한 작품을 이곳 한국 땅에서 구현하고자 하는 마음이 커졌다."

OPUS 9 트루엔오르겔
찾아가는 오르겔

> **건축 연도:** 2011년도
> **위치:** 1. 대한성공회주교회회대성당(서울 중구 세종대로 21길 15)
>   2. 남서울은혜교회 밀알교회 세라믹콘서트홀(서울 강남구 광평로20길 17)
>   3. 가평 생명의 빛 교회(경기 가평군 설악면 봉미산안길 338-32)
>   4. 개인 소유
>   5. 개인 소유
> **레기스터:** 4개
> **특징:** 크기가 작아 이동이 용이. 다양한 장소에서 연주가 가능하다는 장점이 있음

동시에 5대를 주문받아 제작했다. 외관은 무늬가 아름다운 단풍나무를 썼다. 전통 구름문양을 금색으로 장식했다.

"유럽에도 이런 형태의 오르겔이 오래전부터 있었다. 그들의 전통 문화유산으로 내려온 오르겔을 우리의 것으로 만드는 데 있어서, 이 작은 오르겔은 시험적으로라도 반드시 시도해봐야만 했다. 작은 시계를 제작하는 것이 괘종시계보다 더 어려운 것처럼, 이것만 성공한다면 어떠한 오르겔도 자신 있겠다는 생각이 들었다."

OPUS 10 새사람교회

보이는 소리, 색

건축 연도: 2010년
위치: 새사람교회(서울시 종로구 청운동 89-20)
레기스터: 18개
특징: 다양한 색을 적용하여 오르겔에 성격을 부여. 연주하지 않는 상황이라도 오르
겔 자체가 공간과 어우러져 훌륭한 장식으로 기능

오르겔의 위치가 교회의 전면 좌측이어서 비대칭, 라운드가 있는 구조
로 제작하여 연주를 듣는 사람들에게 좀 더 잘 보이고 잘 들리도록 공
을 들였다.

새사람교회 오르겔의 주색은 붉은색, 초록색, 금색이다. 붉은색은
인생의 고통, 힘듦, 낙담, 질투, 좌절 등의 어두운 면을 표현하고자 했
다. 초록색은 끝없는 생명력을 가진 나무같이 희망, 나아감, 진화, 자라
남, 소생 등의 긍정적인 면을 담아내고자 했다. 붉은색 사이에 있는 가
는 금테는 하나님의 영광을 나타낸다.

희망과 염원의 블루

> **건축 연도:** 2012년
> **위치:** 상암동 중소기업 DMC타워(서울 마포구 성암로 189)
> **레기스터:** 6개
> **특징:** 6개 레기스터의 명칭을 순우리말로 지음

높이 3m 75cm, 너비 1m 90cm, 깊이 1m인 블루오르겔은 보기 드물게 사면에 파이프가 노출된 디자인이다. 전후 면은 주석 파이프로, 좌우 면은 목관 파이프 형태로 지어 건물 로비 중앙에서 사면을 통해 소리가 전달되어진다. 이동이 용이하도록 오르겔 밑에 바퀴가 달린 이동무대를 설치했다. 우리 정서에 맞는 허스키하면서도 부드러운 음색을 표현하는 6개의 레기스터의 명칭을 순우리말로 지었다. 오르겔 본체는 한국중소기업의 발전과 희망을 상징하는 블루오션의 바다색으로 표현했다. 아울러 보면대와 나비장식을 칠보로 하여 전통미를 가미했다.

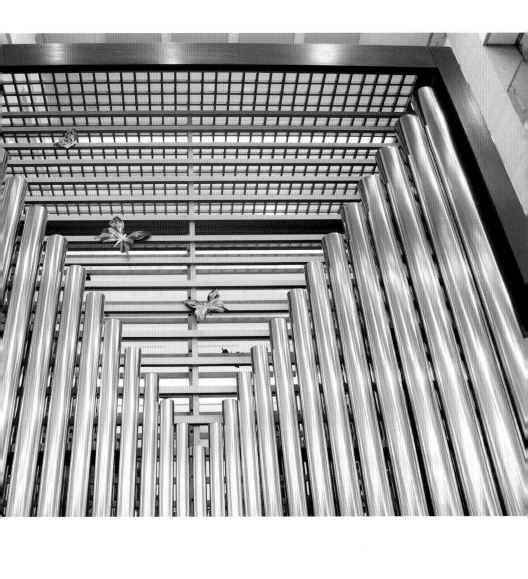

인고의 시간을 넘어

건축 연도: 2013년
위치: 수림교회(서울 강동구 상일로 136)
레기스터: 15개
특징: 바람을 일으키는 모터 외에는 모두 수동으로 움직여 작동되는 옛날 방식 그대
로의 오르겔

어느 날, 양평 오르겔 제작소로 전화가 왔다. 수림교회의 김동진 목사
란 분이었다. 며칠 안 되어 그는 작업실을 방문해 오르겔을 지어달라
고 부탁한다. 홍성훈이 김 목사를 처음 대면한 날이었다. 1970년대 신
학교 다닐 때부터 김 목사는 오르겔 건축의 꿈을 꾸었는데, 벗으로부
터 홍성훈이라는 이름을 듣고는 지체 없이 찾아온 것이다. 2012년 서
울 강동에 교회를 세우면서 그의 오랜 꿈이 실현되었다. 수림교회의
오르겔은 정대칭과 비대칭이 배합된 형태로 메모리와 증음기가 없는
전형적인 기계식이다. 두 개의 레기스터를 나무 파이프로 제작했으며,
우주를 뜻하는 하늘의 색깔인 황금색을 모시로 입혀 외관을 장식했다.

산수화 오르겔

> **건축 연도:** 2014년
> **위치:** 국수교회(경기 양평군 양서면 복개길5번길 38-10)
> **레지스터:** 15개
> **특징:** 양평 자연의 풍광을 액자에 담아 산수화로 표현한 오르겔로 현대적인 구성과
> 한국적인 색과 소리의 조화가 특색

산수화 오르겔은 홍성훈이 새로운 개념의 오르겔을 제작하는 전환점
이 된다. 파이프군의 마감 처리를 다르게 하여 원근감이 느껴지도록
의도했다.

"그동안 작업한 12개의 오르겔보다 더욱 창의적인 형태와 한
국적인 소리와 미를 표현하는 악기를 만들고 싶어 했던 열망이
산수화 오르겔에 담겨 있다. 이 오르겔을 기점으로 앞으로의 오
르겔을 더욱 기대하게 된다."

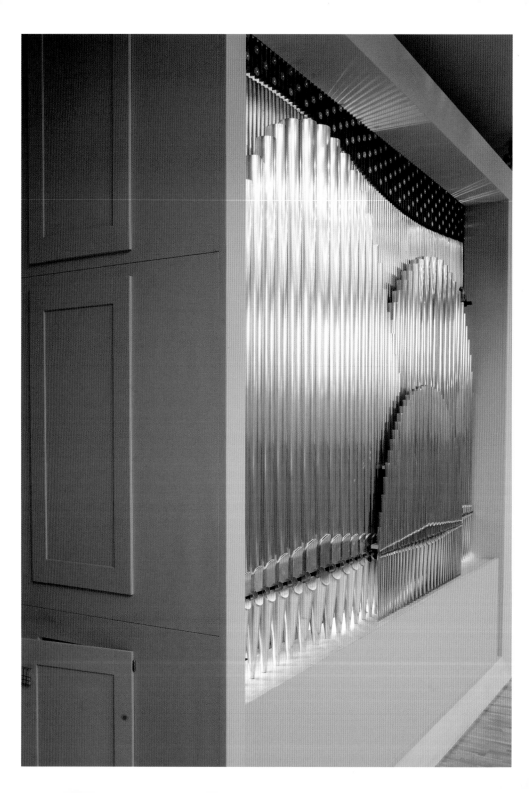

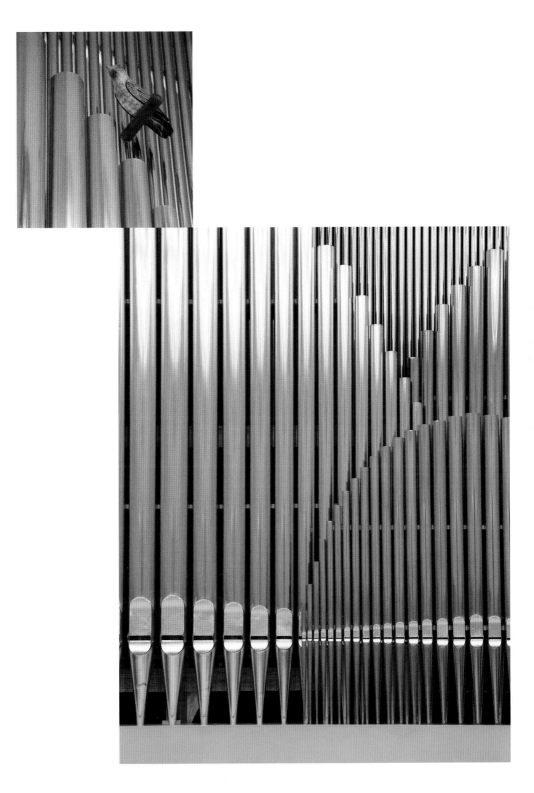

매화 입은 오르겔

건축 연도: 2015년
위치: 양평 제작소 소장(경기도 양평군 양서면 복포리 29-12)
레기스터: 4개
특징: 서양을 대표하는 오르겔이 한국의 전통문화예술과 뒤주를 만나 새로운 형태로
꽃을 피움

전작인 트루엔오르겔과 같이 장석 제작 기능전승자 양현승 선생의 경첩을 달았다. 프로스펙트 전면의 비천구름상도 전작과 같다. 한국채화 국선작가인 안명희 선생의 매화도가 보면대를 시작으로 전면과 좌측면까지 이어진다. 하나의 아름다운 가구처럼 보이는 오르겔이다.

"세종, 정조 때 문화의 혁명이 일어난 것처럼 앞으로 다시 올 그때를 준비하고자 한다. 이제 한국도 오르겔을 제작할 수 있는 국가가 되었다. 오르겔을 통해 문화 강국으로 일어서는 우리나라의 기상을 표현하고 싶다."

천국의 공명 속으로

건축 연도: 2016년
위치: 청란교회(경기도 양평군 서종면 잠실2길 35-43)
레기스터: 3개
특징: 연주와 제대를 겸할 수 있는 모양으로 제작. 작지만 큰 소리를 낼 수 있는 오르겔

양평군 서종면에 있는 하이패밀리 가정선교훈련센터의 송길원 목사 (대표)는 영성을 표현하는 음악을 꿈꾸며 두 대의 오르겔을 주문했다. 그중 먼저 제작된 오르겔이 한 가족 정도 들어갈 수 있는 작고 푸른 계란 모양의 교회 안에 세워졌다. 홍성훈이 이전에 내놓은 작품보다 높이를 20센티미터 정도 낮춰 제작한 더 작은 트루엔오르겔이다. 금색 격자 창틀에 십자가 모양의 산딸나무 꽃을 박아 프로스펙트를 구성했다. 목공은 정유채 목공조각 기능장이, 채색은 안명희 한국채화 국선작가가 참여했다. 산딸나무는 예수가 못 박힌 십자가에 쓰인 나무이기도 하다. 작은 목조 건물 속에서 울리는 오르겔의 공명은 가히 하늘에서 내린 소리다. 이 오르겔을 통해 치유와 회복이 있기를 바라는 마음이다.

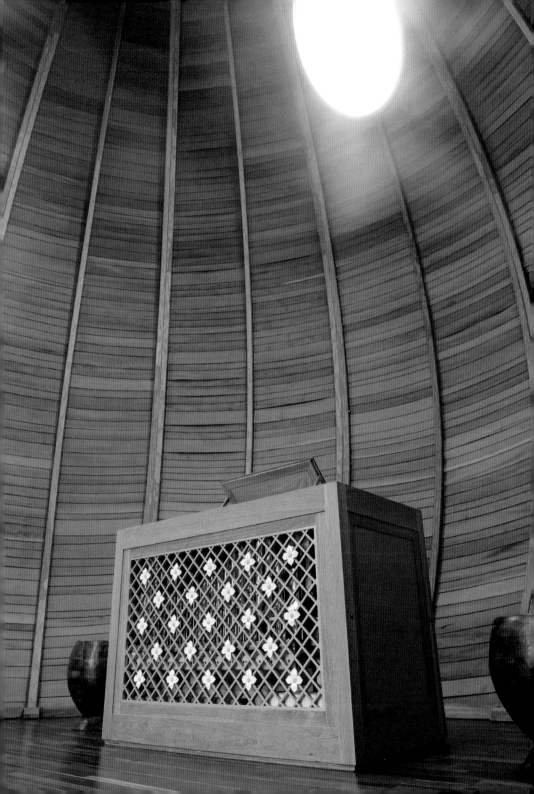

비전

오르겔 로드 절반을 넘어

홍성훈이 오르겔 건축의 길을 걸은 지 29년의 세월이 지났다. 18년 전 한국으로 귀국한 지 얼마 안 되던 시절의 그의 모습을 기억한다. 꿈에 가득 차 자신감 있고 유쾌했던 모습, 그가 자주 이야기하던 한국적 오르겔에 대한 꿈이 시간이 지나 하나씩 하나씩 한국 땅에서 피어나는 모습도 보았다. 오르겔 하나를 세우는 일이 얼마나 어렵고 귀한 일인지, 그의 삶을 통해 보는 시간이었다.

홍성훈은 오르겔 제작자이기에 앞서 신앙인이다. 긴 고난의 시간을 거치며 그는 겸손함과 이타심을 배우게 되었다. 시간이 갈수록 오르겔을 제작하는 마음은 더욱 신중하고 겸허하기까지 하다. 악기를 통해 자신을 자랑하려는 마음보다는 하나하나에 진심으로 감사하는 마음을 보게 된다. 그런 그의 악기에서 울려나오는 소리를 통해 많은 사람들의 마음속에 평화가 깃들기 바란다.

오르겔 제작자로서 이제 그는 절반의 길을 간 듯하다. 앞으로 그가 걷게 될 오르겔 로드는 어떤 모습일까? 한국으로 돌아와 오르겔 제작소를 운영하는 동안 그는 경제적으로 늘 버거웠다. 함께 꿈을 꾸고 그것을 이뤄갈 동료도 부족하다. 그가 꿈꾸는 오르겔을 제작하기에는 국내의 문화 사대주의적인 인식이 걸림돌로 작용하기도 한다. 이 부분은 홍성훈이 극복해야 할 시대적 과제다. 국내에서 인정받을 만큼 가치 있는 오르겔을 제작해 보여주고 설득해야 한다. 그리하여 '한국적인 것이 세계적인 것'이고, 더 나아가 '홍성훈의 것이 세계적인 것'이 되길 바란다.

홍성훈은 오르겔을 제작하면서 다양한 작가들과 협업했다. 트루엔오르겔의 경첩을 제작한 장석 제작 기능전승자 양현승 작가, 블루오르겔의 칠보 작업을 담당한 금하칠보의 박수경 작가, 바람피리오르겔의 외관 채화를 맡은 한국화 화가 안명희 작가 등이 그들이다.

한국의 미를 표현하기 위해 전통문화 작가들과 고민을 나누며 세상에 내놓은 오르겔들은 오랜 역사 속에서 전래된 전통문화예술 기법들을 자랑한다. 홍성훈은 고유한 기술을 갖춘 다양한 전통문화예술 장인들과 조우하며 더욱 새로운 구상을 펼치려 한다.

통영 나전칠기 장인과 함께 통영국제음악당에 나전칠기의 기법을 적용한 채색 파이프가 울려 퍼지는 순간을 꿈꾸고 있다. 또한 한지를 이용해 일월오봉도를 입힌 오르겔을 구상 중이다. 편종과 편경이 함께 작동되어 다채로운 전통이 숨 쉬는 오르겔의 밑그림을 그리고 있다. 이러한 오르겔은 홍성훈 혼자만의 의지로는 만들 수 없다. 오르겔의 문화적 가치에 공감하고 뜻을 모으는 이들이 있을 때 가능한 일이다.

홍성훈은 한국적인 오르겔을 국내는 물론 세계로 내보내려는 꿈도 꾸고 있다. 조만간 우크라이나 현지에 있는 한 교회에서 그 꿈이 이뤄질 전망이다. 러시아에 의해 무너진 교회를 한국 선교사가 재건했는데, 바로 그곳에 홍성훈은 와인색의 나비가 채화된 트루엔오르겔을 보내려 한다. 사람들의 성금을 모아 한국에서 제작한 오르겔을 해외로 보내주는 것이다. 한국적 오르겔의 전파를 위해 홍성훈은 중국과 러시아와도 지속적으로 접촉하고 있다.

오랜 시간 힘든 길을 뚝심으로 버텨왔기에 서서히 길이 열리고 있다. 지금껏 그랬듯이 그의 믿음대로 소망하는 곳에 오르겔이 하나하나 세워질 것이다. 그가 짓는 오르겔이 세상의 번뇌를 씻어주고 평화를 선물하는 천상의 소리가 되길 바란다.

"나에겐 오르겔 자체가 목적은 아니야. 지나서 보면 젊을 때부터 내가 좋아한 건 사람들과 더불어 즐겁고 행복했으면 하는 마음이었어. 그래서 사람들을 재밌게 해주고 웃기려고 했지. 그게 무용으로, 노래로, 악기로, 공연으로, 그리고 또 다른 형태로 표현된 것 같아. 우연히 만난 오르겔 제작의 길은 무척이나 힘들었지만, 결과적으로 이전의 삶이 자양분이 되어 같은 선상에서 계속 걷고 있는 거지. 지금 내 인생은 많은 사람들이 하늘의 소리를 통해 위로를 받고 행복해질 수 있는 마땅한 도구가 될 수 있도록 최선을 다할 뿐…."

천상의 소리를 짓다

초판 1쇄 인쇄 | 2016년 10월 20일
초판 1쇄 발행 | 2016년 11월 1일

글·사진 김승범
편집 손성실·조성우
마케팅 이동준
디자인 권월화
용지 월드페이퍼
제작 ㈜상지사P&B
펴낸곳 생각비행
등록일 2010년 3월 29일 | 등록번호 제2010-000092호
주소 서울시 마포구 월드컵북로 132, 402호
전화 02) 3141-0485
팩스 02) 3141-0486
이메일 ideas0419@hanmail.net
블로그 www.ideas0419.com

책값은 뒤표지에 있습니다.
잘못된 책은 바꾸어드립니다.